SOCIÉTÉ DE MÉDECINE PUBLIQUE

ET D'HYGIÈNE PROFESSIONNELLE

L'INSPECTION HYGIÉNIQUE ET MÉDICALE

DES ÉCOLES

PAR

Le Docteur MANGENOT

Médecin-Inspecteur des établissements scolaires
de la Ville de Paris.

I. Ce qu'elle est : 1° à l'étranger; 2° en France.
II. Ce qu'elle doit être. Programme et Organisation.

EXTRAIT DE LA « REVUE D'HYGIÈNE »
ET DE POLICE SANITAIRE

PARIS

G. MASSON, ÉDITEUR

LIBRAIRE DE L'ACADÉMIE DE MÉDECINE

Boulevard Saint-Germain et rue de l'Éperon

EN FACE DE L'ÉCOLE DE MÉDECINE

1887

SOCIÉTÉ DE MÉDECINE PUBLIQUE
ET D'HYGIÈNE PROFESSIONNELLE

L'INSPECTION HYGIÉNIQUE ET MÉDICALE

DES ÉCOLES

PAR

Le Docteur MANGENOT

Médecin-Inspecteur des établissements scolaires
de la Ville de Paris.

I. Ce qu'elle est : 1° à l'étranger ; 2° en France.
II. Ce qu'elle doit être. Programme et organisation.

EXTRAIT DE LA « REVUE D'HYGIÈNE »
ET DE POLICE SANITAIRE

PARIS
G. MASSON, ÉDITEUR
LIBRAIRE DE L'ACADÉMIE DE MÉDECINE
Boulevard Saint-Germain et rue de l'Éperon
EN FACE DE L'ÉCOLE DE MÉDECINE
1887

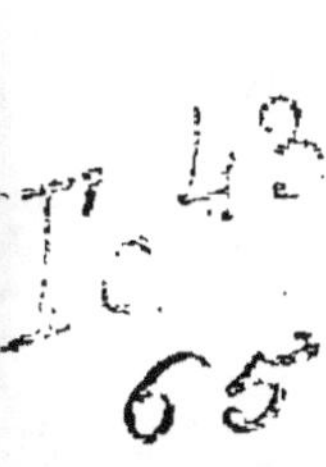

SOCIÉTÉ DE MÉDECINE PUBLIQUE ET D'HYGIÈNE PROFESSIONNELLE

G. MASSON, ÉDITEUR.

Revue d'hygiène, tome VIII, n° 12, 1886; tome IX, n°ˢ 4 et 6, 1887.

L'INSPECTION HYGIÉNIQUE ET MÉDICALE

DES ÉCOLES

PAR

le Dʳ **MANGENOT**,

Médecin-Inspecteur des établissements scolaires
de la Ville de Paris.

Franck, dans son *Traité de police médicale*, demandait déjà, à la fin du siècle dernier, une inspection des écoles, faite par des agents sanitaires compétents; sa voix resta sans écho. Ce n'est qu'en 1874 qu'un de nos plus éminents collègues, le Dʳ Janssens, fonda l'inspection hygiénique et médicale des écoles sur des bases vraiment scientifiques et l'appliqua dans toutes les écoles de la ville de Bruxelles.

Depuis cette époque, elle a été introduite dans les écoles d'un certain nombre de grandes villes, mais, presque dans toutes, elle est restée plutôt hygiénique que médicale; et cependant la seconde est au moins aussi utile que la première. Si, en effet, l'inspection hygiénique assure à l'enfant, pendant tout le temps qu'il passe à l'école, des conditions bien meilleures que celles qu'il trouve le plus souvent dans sa famille, l'inspection médicale, par une surveillance incessante, le préserve souvent des maladies contagieuses et parasitaires, veille au bon fonctionnement de ses organes des sens, et par la médication préventive, atténue dans la mesure du possible, les prédispositions

morbides héréditaires ou acquises qui font de son organisme
un terrain de culture favorable au développement d'un certain
nombre de maladies; en un mot, elle s'efforce d'en faire des
hommes sains et vigoureux, afin, comme l'écrit le Dr Janssens,
« qu'ils ne se transforment pas en non-valeurs dans l'atelier
social ni dans les rangs des défenseurs de la patrie ».

Votre commission d'hygiène scolaire, désireuse d'appeler vos
délibérations sur cette question, m'a fait l'honneur de me
charger de vous exposer l'état actuel, en France et à l'étranger,
de l'inspection des écoles et de vous soumettre, comme consé-
quence de cette étude, un plan d'organisation pouvant s'appliquer à toutes les écoles de France.

Mon rapport se trouve ainsi naturellement divisé en trois parties. Dans les deux premières, j'expose ce qu'est actuellement
l'inspection des écoles d'abord à l'étranger, puis en France,
et dans la troisième, ce qu'elle peut et doit être dans notre
pays.

PREMIÈRE PARTIE.

DE L'INSPECTION HYGIÉNIQUE ET MÉDICALE DES ÉCOLES
A L'ÉTRANGER.

Très peu d'ouvrages ont été publiés sur l'inspection des écoles à l'étranger ; la plupart d'entre eux, ayant pour objectif l'organisation sanitaire générale des États, n'en parlent qu'incidemment. Le plus récent et sans contredit le plus important est celui de notre sympathique secrétaire général adjoint sur *l'Administration sanitaire civile à l'étranger*. J'y ai fait de nombreux emprunts lorsque j'ai dû décrire en quelques mots l'organisation sanitaire de certains pays.

Mais pour avoir des renseignements précis sur l'état actuel de l'inspection hygiénique des écoles, j'ai cru ne pouvoir mieux faire que de les demander aux éminents hygiénistes des deux mondes, membres correspondants de notre Société.

Je n'ai eu qu'à me féliciter de ma détermination ; tous ont mis le plus grand empressement non seulement à répondre par écrit à toutes mes questions, mais encore à m'envoyer les travaux publiés sur ce sujet dans leurs pays respectifs[1].

1. Ce sont MM. les D⁰⁰ BAMBAS, professeur d'hygiène à l'Université d'Athènes ; CONI, médecin-inspecteur des écoles de Buenos-Ayres ; DOBROSLAVINE, professeur d'hygiène à Saint-Pétersbourg ; DUNANT, professeur d'hygiène à l'école de médecine de Genève ; FÉLIX, professeur d'hygiène à la Faculté de médecine de Bukarest ; HUEBNER, médecin-sanitaire à Sébastopol ; JANSSENS, inspecteur général de la salubrité et directeur du bureau d'hygiène de Bruxelles ; JOEL, médecin-inspecteur des écoles de Lausanne ; KLAS LINROTH, médecin en chef des services sanitaires de Stockolm ; DE LIKATCHEFF, maire de Saint-Pétersbourg ; KRUSEWSKI, président de la commission scolaire à Saint-Pétersbourg ; LUBELSKI, médecin du consulat de France à Varsovie ; NAGLE, de New-York ; DE PETRUDANY, inspecteur en chef du service sanitaire de Buda-Pest ; RAMELLO, directeur du bureau d'hygiène de Turin ; SIÉGEL, conseiller médical de Leipzig ; VAN OVERBEEK DE MEIJER, professeur d'hygiène à l'Université d'Utrecht ; WASSERFUHR, conseiller sanitaire à Berlin.

Allemagne. — Il n'existe pas, dans tout l'empire, d'inspection hygiénique et médicale permanente des écoles primaires ou des établissements d'enseignement secondaire. On s'est borné jusqu'à présent, m'écrit le docteur Wasserfuhr, à discuter l'utilité d'une organisation de ce genre dans la presse médicale et dans plusieurs réunions d'hygiénistes ; mais les médecins et les instituteurs sont loin d'être d'accord sur cette question. En Prusse, toutes les modifications à introduire dans les établissements et les plans des constructions neuves doivent être soumises au Kreisphysikus. De plus, le paragraphe 14 de la loi du 8 août 1835 dit : Les enfants atteints de maladies contagieuses doivent être éloignés des écoles, etc. ; ils ne pourront y revenir qu'après qu'un médecin les aura déclarés complètement guéris et qu'ils ne pourront plus communiquer la maladie à d'autres personnes. De même dans les familles où quelqu'un est malade de la variole, de la scarlatine, de la rougeole ou d'autres affections qui compromettent particulièrement la vie des enfants, il faut interdire la fréquentation des écoles et autres établissements aux enfants qui entretiennent des relations continuelles avec le malade.

Le paragraphe 9 de la même loi oblige les parents et les médecins et toute personne qui a connaissance d'une maladie contagieuse à en faire immédiatement la déclaration à l'autorité.

En Saxe, d'après le docteur Siegel, de Leipzig, les conditions hygiéniques que doivent remplir les bâtiments des écoles sont prescrites par les lois scolaires du 24 avril 1873 et du 24 mars 1879 ; les plans doivent être examinés et approuvés par le médecin du district *(Bezirckarzt)*. Ces médecins sont autorisés à visiter de temps en temps les écoles primaires, les gymnases, les écoles professionnelles et les séminaires, afin de s'assurer de l'état hygiénique de ces établissements. — Dans le cas où il y aurait des réformes à introduire, ils doivent s'entendre avec les conseils municipaux, lorsqu'il s'agit d'écoles primaires, et avec la direction, s'il s'agit des gymnases ou des séminaires, et enfin avec les médecins des établissements, lorsqu'ils en ont de particuliers. Ils doivent en outre indiquer, dans un rapport, ce qu'ils ont remarqué de défectueux.

Il en est de même en Bavière, en Saxe, en Wurtemberg et dans le duché de Bade.

La vaccination et la revaccination sont obligatoires.

Alsace-Lorraine. — L'Allemagne a respecté l'organisation sanitaire existante, sauf pour les médecins des épidémies, qui ont été remplacés par les médecins de département *(Bezirkarzte)* et les médecins d'arrondissement *(Kreisarzte)*. Ceux-ci ont des pouvoirs beaucoup plus étendus. Ils surveillent l'exercice de la médecine et de la pharmacie, indiquent toutes les mesures à prendre dans l'intérêt de la santé publique, centralisent les rapports sur les vaccinations et revaccinations, et enfin sont chargés des expertises médico-légales. Les médecins cantonaux, comme avant la guerre, soignent les indigents et pratiquent les vaccinations, et depuis cette époque font aussi les revaccinations, car ces deux opérations sont devenues obligatoires.

L'introduction de l'obligation n'a pas eu d'influence sur le nombre des sujets vaccinés, car tous les parents, convaincus de l'utilité de cette opération et sachant que leurs enfants ne pourraient être admis à l'école sans être vaccinés, ne manquaient pas de les faire inoculer dans la première année de leur existence.

La revaccination n'a pas non plus rencontré de résistance, elle se pratique sur les enfants âgés de dix ans et, en cas d'insuccès, est renouvelée tous les ans jusqu'à leur sortie de l'école.

Angleterre. — On sait que tout ce qui concerne l'hygiène publique et la police sanitaire est réglé par le code sanitaire de 1875. Je vais en quelques mots en rappeler les principales dispositions. Le pays est divisé en districts sanitaires urbains et districts sanitaires ruraux, soumis à l'autorité administrative qui devient par le fait autorité sanitaire. L'article 189 prescrit à ces autorités (*urban and rural sanitary authorilis*) de s'attacher des fonctionnaires rétribués, avec mission de veiller sur l'exécution des mesures d'hygiène adoptées par elles. Ces fonctionnaires sont un ou plusieurs médecins sanitaires (*medical officers*), un ou plusieurs inspecteurs de la salubrité (*inspector of nuisances*), un ingénieur, un chimiste et quelques autres employés secondaires. Les médecins sanitaires sont chargés de veiller à la santé publique, de rechercher les causes des épidémies et d'en combattre l'extension; ils donnent des conseils aux autorités sanitaires pour tout ce qui concerne l'hygiène; ils visitent périodiquement leurs districts et font des rapports sur ce qu'ils ont observé. Les inspecteurs de la salubrité s'occupent plus spécialement de la recherche des causes d'insalubrité; ils s'assurent de la bonne qualité des objets de consommation et visitent les usines et les bâtiments scolaires. Ces agents doivent faire des rapports spéciaux sur l'état hygiénique des écoles publiques et indiquer les améliorations à faire; les autorités sanitaires locales sont tenues de les exécuter sous peine de réduction ou même de suppression de la subvention accordée aux écoles par le gouvernement. Ce dernier peut même, en cas de résistance, en ordonner la fermeture.

La vaccination est obligatoire, et elle est pratiquée par des vaccinateurs officiels.

Les établissements d'enseignement secondaire, outre l'inspection hygiénique à laquelle ils sont soumis comme toutes les autres écoles, sont sous la surveillance immédiate des médecins qui y sont attachés à titre de médecin traitant. Ceux-ci n'ont aucune attache administrative et ne peuvent donc pas être considérés comme médecins inspecteurs des écoles au sens que nous attachons à cette expression. — Ce que l'on connaît sous le nom de *Société des médecins inspecteurs des écoles de Londres*, m'écrit le docteur Buchanan, est une association volontaire des médecins des établissements d'enseignement secondaire sans titre officiel et sans autorité sur les autres écoles.

Autriche. — Il y a en Autriche une organisation assez complète du service sanitaire qui comprend l'inspection hygiénique des écoles et des autres bâtiments de l'État et des communes.

Dans chaque district, un médecin en chef (*Bezirckarzt*) est chargé de tout ce qui concerne la santé publique.

D'après Uffelmann, un règlement administratif, publié en 1873, oblige chaque direction d'école à avoir une commission spéciale d'hygiène scolaire qui comprend au moins un médecin. Cette commission est consultée pour toutes les questions d'hygiène; elle ndique les améliorations à faire, rédige des rapports, et prend les mesures nécessaires pour éviter et combattre les maladies contagieuses qui apparaissent à l'école.

Les directeurs d'écoles primaires, les chefs d'institutions publiques ou privées, et même les professeurs, sont tenus de veiller sur la santé de leurs élèves. Ils se mettent en rapport avec les parents ou tuteurs pour obtenir tous les renseignements nécessaires sur la nature des maladies dont souffrent les enfants.

Les directeurs doivent en outre faire tous leurs efforts pour lutter contre la myopie.

La vaccination, bien que n'étant pas obligatoire, est exigée avant l'admission dans les écoles.

Hongrie. — En ce qui concerne la Hongrie, m'écrit le Dr G. de Pétrubany, médecin inspecteur de la ville de Buda-Pesth, l'inspection médicale et hygiénique des écoles rentre dans les attributions des médecins de comitats pour les départements ou arrondissements et dans celles des médecins municipaux pour les villes.

Elle est ordonnée par l'article 27 de la loi de 1876 sur l'organisation de l'hygiène publique.

Cet article est ainsi conçu : Les écoles primaires sont placées au point de vue de l'hygiène publique sous l'autorité des comitats qui exercent leur surveillance au moyen de leurs médecins officiels et autres fonctionnaires, sous la direction et le contrôle des commissions sanitaires. Le ministère de l'instruction publique, ajoute mon honorable correspondant, a fait ouvrir récemment un cours spécial d'hygiène publique qui a été fréquenté cette année par trente médecins scolaires qui, après avoir subi l'examen réglementaire, feront des cours d'hygiène dans les gymnases et seront la pépinière dans laquelle l'État recrutera ses inspecteurs d'hygiène ; mais ce service n'est pas encore organisé.

Outre les médecins de départements et d'arrondissements, la loi oblige les villes dont la population est supérieure à 6,000 habitants à avoir un ou plusieurs médecins municipaux. Elle oblige en outre les communes dont la population est inférieure à ce chiffre à se grouper par agglomérations de 6 à 10,000 habitants et à avoir un médecin communal.

Les médecins municipaux et communaux sont nommés au concours et chargés d'inspecter les écoles primaires de leur ressort.

L'article 28 exclut de l'école les enfants atteints de maladies contagieuses. Leur admission ne peut avoir lieu que si on atteste leur guérison complète.

L'article 29 oblige les directeurs d'écoles et les instituteurs à déclarer immédiatement à l'autorité les cas d'affections contagieuses signalés parmi leurs élèves.

La même obligation est imposée par l'article 80 à tous les médecins pour les maladies contagieuses qu'ils peuvent observer dans leur clientèle.

La vaccination est rendue obligatoire par l'article 93 de la même loi.

Belgique. — L'administration sanitaire générale dépend du ministère de l'intérieur où elle fait partie de la direction des affaires départementales et communales ; un inspecteur du service de santé civil en est spécialement chargé.

Des commissions provinciales et locales veillent à l'observation des lois et des règlements concernant la police sanitaire, l'hygiène et la salubrité publique. Quant à l'inspection hygiénique et médicale, elle n'est faite qu'à Bruxelles, Anvers, Liège et Louvain, où elle dépend du bureau d'hygiène de ces villes.

Le Dr Deveaux, inspecteur chargé du service de l'hygiène scolaire, a, dans une brochure publiée en 1884, cherché et indiqué les moyens d'étendre cette institution à toutes les écoles. Il demande d'abord qu'une enquête soit faite dans tout le royaume, pour constater l'état actuel des locaux des écoles au point de vue de l'hygiène.

Cette enquête serait faite d'après un formulaire spécial, dans les écoles primaires par les instituteurs, dans les écoles normales par les médecins de ces écoles, et dans les établissements d'enseignement moyen par les inspecteurs de l'hygiène scolaire. Elle porterait sur l'emplacement et l'exposition des bâtiments, sur les dimensions des classes, leur éclairage, leur ventilation et leur mobilier, sur les cours et les cabinets d'aisances et enfin sur les écoliers. Quant à l'inspection médicale, elle serait plus difficile à établir, au moins pour les écoles communales. Elle porterait sur les lésions ou infirmités congénitales ou accidentelles, sur l'état des yeux, des dents, des oreilles, et sur l'état général de l'enfant.

Le médecin consignerait, dans un rapport périodique, tout ce qu'il croit utile à l'amélioration de l'état hygiénique de la population scolaire, fournirait des renseignements sur la température et l'état hygrométrique de l'air des classes, et enfin sur les maladies épidémiques ou parasitaires.

Dans les écoles normales et dans les écoles d'enseignement moyen, elle serait faite par les médecins attachés à ces établissements et par les inspecteurs d'hygiène scolaire ; dans les écoles communales des villes, par les médecins des bureaux d'hygiène ou de bienfaisance ; mais dans les petites villes et les communes rurales où ces institutions n'existent pas, il faudrait organiser le service d'assistance à la campagne ; mais pour cela il faudrait une loi. En attendant, on pourrait confier ce service à des médecins qui reçoivent déjà des subventions pour d'autres fonctions, tels que les médecins vaccinateurs, les médecins chargés de la surveillance des usines, etc.

Tel est, en résumé, le projet du Dʳ Deveaux ; malheureusement, la chute du ministère libéral a entraîné l'abandon du projet.

A Bruxelles, depuis 1874, grâce au dévouement et à la science du Dʳ Janssens, l'inspection médicale et hygiénique est arrivée d'emblée à un tel degré de perfection, qu'elle peut et doit servir de modèle à toutes les institutions de ce genre.

Dans un rapport lu au Congrès international de l'enseignement, tenu à Bruxelles en 1880, l'éminent directeur du bureau d'hygiène expose le fonctionnement de cette inspection, qu'il a été le premier à établir sur des bases véritablement scientifiques.

Je n'essayerai pas d'analyser ce mémoire, connu, du reste, de tous les hygiénistes ; il me faudrait pour cela le copier en entier, car il est à lire et à méditer d'un bout à l'autre ; je n'en extrairai que ce qui concerne la médication préventive et l'examen somatologique, questions nouvelles et du plus haut intérêt.

Je dois dire auparavant que les écoles sont visitées au moins trois fois par mois, que la température est prise dans toutes les classes et tous les jours à 8 heures 1/2, 11 heures, 2 heures et 3 heures 1/2, et que dans les classes supérieures des écoles primaires des leçons d'hygiène sont données une fois par mois pendant environ dix minutes sur des sujets indiqués par le médecin en chef dans les réunions mensuelles des médecins.

VILLE DE BRUXELLES

N° ————, École ————

Nom.
Prénoms.
Nationalité des parents.
Langue parlée.
Lieu de naissance.
Date de naissance.

EXAMEN SOMATOLOGIQUE

Date des observations . . . .
Age . . . .
Taille . . . .
Poids . . . .
Circonférence de la tête . . . . . .
Diamètres . . . .
Circonférences de la poitrine . . . .
Diamètres . . . .
Capacité pulmonaire . . . .
Force de traction . . . .
Couleur des cheveux . . . .
Couleur des yeux . . . .
Classement n° . . . .

OBSERVATIONS MÉDICALES.

Lésions ou infirmités de naissance ou accidentelles.

État des fonctions visuelles.

État de la denture.
Opérations dentaires pratiquées à l'école.

Revaccination pratique à l'école sans / avec { succès.

Médication préventive.
   Commencée le
   Terminée le

Résultats constatés.

Observations.

Médication préventive. — Je ne puis mieux faire, pour indiquer l'utilité et même la nécessité de cette médication, que de céder la plume à notre éminent collègue qui, le premier, l'a introduite dans les écoles.

« Si l'on considère, à juste titre, l'école comme un agent de moralisation qui doit contribuer à dépeupler les prisons et les bagnes, nous pouvons également, au point de vue qui nous occupe, l'envisager comme destinée à alléger le budget des hôpitaux et des hospices. Il est certain que, chez lui, l'enfant de l'ouvrier, atteint d'une maladie chronique qui ne le retient pas au lit, ne sera que, bien rarement, l'objet des soins hygiéniques qui lui sont pourtant indispensables, tandis qu'en classe, sous les yeux d'hommes compétents et dévoués, il peut être soumis à une surveillance incessante et à des soins assidus dont la guérison sera, bien souvent, le couronnement assuré. Soigner les enfants à l'école, pour qu'ils ne se transforment pas en non-valeurs dans l'atelier social, ni dans les rangs des défenseurs de la patrie, pour qu'ils ne contribuent pas plus tard à obérer le budget, déjà si lourd, de la charité officielle : tel est le but assigné aux efforts des hommes dévoués qui feront le sacrifice de leur temps et d'occupations plus rémunératrices pour assurer à la jeune génération scolaire de nouveaux éléments de santé, c'est-à-dire de richesse et de prospérité sociales. La santé est l'unité qui fait valoir tous les zéros de la vie. Or, l'instruction elle-même n'est qu'un zéro, si la santé ne fournit pas le moyen de l'utiliser au profit de l'individu et de la société. Sans la santé, le savoir est comparable à un arbre précieux qui ne porte pas de fruits. »

Je n'ajouterai rien à cette éloquente et persuasive citation, de peur d'en affaiblir la portée; je me contenterai d'y joindre l'éloquence des chiffres.

Relevé des élèves soumis à la médication préventive.

	1877-1878	1885-1886	PROPORTION POUR 100 ÉLÈVES	
			1877-1878	1885-1886
Nombre des élèves traités. . .	732	1,828		
— — guéris. . .	138	214	18,8	13,3
— — améliorés. .	207	1,391	28,3	76,1
Résultats { nuls.	207	101	28,3	5,5
inconnus	180	92	24,6	5,1

Les médicaments habituellement administrés sont : l'huile de foie de morue, le vin de quinquina et la poudre zootrophique de Pollé.

Examen somatologique. — C'est encore notre éminent collègue qui, le premier, a songé à tirer parti pour l'étude du développement physiologique des données que peut fournir la mensuration somatologique jointe à l'examen des organes et des fonctions pratiquée sur un grand nombre d'enfants dans la période de croissance. Les résultats de ces deux opérations sont indiqués pour chaque sujet sur une carte dont la reproduction est à la page précédente.

Danemark. — Il n'y a pas eu jusqu'à présent de surveillance sérieuse des écoles, bien qu'elle ait été déjà ordonnée par une loi en 1814. Cette loi prescrivait les mesures à prendre pour combattre l'extension des maladies contagieuses.

Depuis cette époque, en 1880, une circulaire ministérielle indique aux recteurs les règles à suivre en pareil cas, mais seulement pour les écoles secondaires. Une commission nommée récemment a rédigé un projet dont je vais donner un aperçu.

Une commission, composée d'un médecin, d'un architecte et d'un professeur, sera adjointe au ministère de l'instruction publique pour l'assister dans toutes les questions concernant l'hygiène publique. Dans chaque district, il y aura un médecin et un architecte nommés par le ministère, qui seront chargés de la surveillance des écoles.

La direction des écoles devra veiller à ce que les commissions locales exercent une surveillance active et continuelle dans les écoles de leur ressort ; elle devra veiller aussi à l'exécution de la loi, surtout en ce qui concerne la salubrité.

Chaque école sera visitée au moins une fois par mois. A Copenhague, il y aura des médecins spéciaux. En province, ces visites seront faites par les médecins de districts ou par les médecins municipaux et, en cas de besoin, par d'autres médecins, nommés et payés par l'État.

Dans les écoles et les pensionnats qui ont des médecins particuliers, la surveillance sera confiée à ces derniers qui devront, chaque année, adresser au ministère un rapport fait sur des formulaires qui leur seront remis. Le médecin peut entrer à l'école à n'importe quel moment et il doit donner les conseils qu'il juge nécessaires pour faire disparaître les causes d'insalubrité qu'il a pu observer.

Il doit signaler l'apparition des maladies contagieuses et combattre leur extension.

Aucune école ne pourra être occupée avant d'avoir été visitée par le médecin du district et la commission scolaire. Tous les trois ans, il sera fait une visite générale de tous les bâtiments scolaires communaux, ainsi que des logements des maîtres et des employés.

Dans les écoles de l'État, cette visite aura lieu tous les ans.

La loi du 4 février 1871 rend la vaccination obligatoire.

Espagne.— L'administration sanitaire est confiée à une direction qui dépend du ministère de l'intérieur, près duquel se trouve un corps consultatif : le conseil royal de santé.

Dans chaque province un conseil de santé (*junta provincial de sanitad*) présidé par le gouverneur est composé de 4 médecins, 2 pharmaciens et 1 vétérinaire.

Ce conseil est consulté sur toutes les mesures à prendre pour protéger la santé publique et sur les meilleurs moyens de généraliser l'usage de la vaccination.

Dans les villes l'autorité sanitaire est entre les mains de l'alcade.

Celui-ci préside le conseil municipal de santé (*junta municipal sanitad*) et le consulte sur tout ce qui concerne l'hygiène de la ville.

De plus, toutes les localités qui n'ont pas plus de 4,000 habitants doivent avoir des médecins municipaux (*facultativas municipales*); si le chiffre de la population est plus élevé, elles doivent organiser l'assistance à domicile.

N'ayant pu obtenir de plus amples renseignements, je ne sais si ces différents conseils s'occupent de l'hygiène des écoles.

La vaccination n'est pas obligatoire.

États-Unis. — L'inspection des écoles fait partie de l'organisation générale du service sanitaire.

Je suis donc obligé d'en dire un mot.

Chaque État compris dans la Confédération conserve son individualité et se gouverne comme il l'entend. Cependant, au point de vue sanitaire, un conseil fut créé en 1879 pour centraliser tous les services de l'Union. Malheureusement, ce conseil national fut désorganisé en 1883.

Ce qui se passe à New-York peut donner une idée de ce qui se fait ou se fera (dans un temps plus ou moins éloigné) dans les autres villes de la Confédération.

Cette ville, d'après le Dᴿ John Nagle, secrétaire du conseil sanitaire, est divisée en districts ayant chacun un inspecteur chargé de veiller à tout ce qui concerne la santé publique.

Il a par conséquent sous sa surveillance toutes les écoles publiques et privées qu'il est obligé de visiter, tant au point de vue hygiénique, qu'au point de vue de la santé des enfants.

Il ne doit s'occuper absolument que des questions sanitaires et, pour cela, reçoit un traitement de 4,400 dollars.

La tâche de ses inspecteurs est singulièrement facilitée par les obligations qu'impose le code sanitaire.

Ainsi les articles 17 et suivants règlent les conditions que doivent remplir les bâtiments et les locaux. L'article 169 dit que tout instituteur, professeur, directeur d'école publique ou privée, etc, doit veiller à la sécurité et à la santé des élèves, à la température, à la propreté de l'école, etc.

De plus, les lois de la Confédération rendent obligatoire la déclaration des maladies contagieuses.

En vertu de l'article 131, cette déclaration doit être faite par le médecin dans les vingt-quatre heures, sous peine d'une amende de 250 francs.

Tous les jours, on fait une liste des enfants atteints et on l'adresse au bureau d'éducation (*Board of éducation*), qui l'examine et envoie aux différentes écoles les noms qui lui sont signalés.

Alors, non seulement les enfants habitant le même logement, mais tous ceux qui habitent la maison signalée, sont renvoyés de l'école et ne peuvent y rentrer qu'avec un certificat d'un médecin déclarant que le danger de la contagion a disparu et que les locaux ont été désinfectés.

La vaccination n'est pas obligatoire, mais un certificat constatant qu'elle a été opérée avec succès est exigé de tout élève avant son admission ; de plus, il est revacciné avant sa sortie de l'école.

Grèce. — L'inspection des écoles, m'écrit le Dr Bambass, est purement hygiénique ; elle est faite par les médecins de préfectures et de sous-préfectures, elle est par conséquent une institution de l'État et n'a pas un budget particulier. Les médecins dépendent du ministère de l'intérieur, mais tous les frais que nécessite plus spécialement l'inspection des écoles sont à la charge du ministère de l'instruction publique.

La vaccination et la revaccination sont obligatoires, depuis 1835, pour tous les enfants qui fréquentent les écoles.

Hollande. — D'après les renseignements que me fournit le savant professeur d'hygiène et de médecine légale de l'Université d'Utrecht, le Dr Van Overbeek de Meijer, le service sanitaire est confié en Hollande à 7 inspecteurs-médecins qui ont dans leurs attributions l'inspection hygiénique des écoles, et, chose excellente, l'exercice de la profession médicale est interdit à ces inspecteurs, afin qu'ils puissent se vouer entièrement à leur tâche.

Les conditions que doivent remplir les bâtiments scolaires sont fixés par la loi du 17 août 1878, dont les articles 4 et 5 ont été modifiés ainsi qu'il suit à la date de juillet 1882. (Modification de l'art. 4.)

Un décret royal arrêtera des règles générales pour la construction et l'installation des écoles publiques de l'enseignement primaire. Ce règlement fixera le nombre des élèves de chaque classe, indiquera si ces règles sont applicables, et dans quelle mesure, aux communes qui accordent des subsides à des écoles primaires privées. (Modification de l'art. 5.)

L'enseignement primaire est défendu dans tout bâtiment qui aura été déclaré nuisible à la santé, ou trop petit pour le nombre des élèves reçus, par l'inspecteur médical de la province.

L'enseignement primaire dans un tel bâtiment peut être repris après la déclaration écrite de l'inspecteur susdit, que le bâtiment a été suffisamment amélioré ou que le nombre des élèves a été suffisamment réduit.

En ce qui concerne les maladies contagieuses, la loi du 4 décembre 1872 (art. 14) dit : Les habitants des maisons dans lesquelles s'est développée une maladie contagieuse ne pourront fréquenter l'école que huit jours après la disparition de la maladie et seulement avec une déclaration écrite d'un médecin.

Cette interdiction cessera aussitôt que les mesures de désinfection prescrites par l'article 25 de la présente ordonnance auront été exécutées.

Pour les écoles renfermant exclusivement des enfants au-dessus de douze ans, la mesure indiquée par le présent article n'est plus applicable quand il s'agit de rougeole ou de diphthérie.

La déclaration est obligatoire pour le médecin traitant lorsqu'il s'agit du choléra asiatique ou de la variole.

Nul enfant ne peut être admis à l'école s'il n'est vacciné. La vaccination et la revaccination sont gratuites.

Italie. — Il n'y a pas en Italie de médecins chargés spécialement de l'inspection hygiénique et médicale des écoles ; mais l'article 116 de la loi d'administration communale oblige chaque commune à avoir, pour l'assistance des pauvres, un ou plusieurs médecins nommés après concours. Ils dépendent de la municipalité, qui fixe leur traitement, détermine leurs attributions et dicte leurs obligations.

Je suppose que parmi ces obligations est mentionnée l'inspection des écoles ; si elle n'y est pas, il ne dépend que du syndic de l'y introduire.

En ce qui concerne Turin, voici ce que m'écrit le Dᵣ Ramello :

« Cette inspection est faite par les 6 médecins du bureau d'hygiène et les 24 médecins du bureau de bienfaisance.

« Ces derniers remplissent dans leurs quartiers toutes les fonctions ressortissant à l'hygiène. Ils sont obligés, par l'article 10 du règlement des services sanitaires municipaux du 14 août 1879, à des visites dans les écoles et n'ont, par conséquent, aucune allocation spéciale pour ce service. »

L'article 55 du même règlement est ainsi conçu : Les enfants atteints de maladies contagieuses ne seront pas admis dans les écoles. Ceux qui seraient atteints de ces maladies après leur admission à l'école en seront immédiatement renvoyés et ils ne pourront y rentrer sans un certificat du bureau d'hygiène attestant leur parfaite guérison.

Dans les cas de maladies épidémiques ou contagieuses, le syndic (maire) et la junte municipale ont les plus amples pouvoirs pour prendre les mesures spéciales de préservation.

Les médecins font régulièrement chaque mois un rapport sur leur service et, au besoin, des rapports spéciaux si une maladie contagieuse vient à éclater parmi les enfants des écoles dont ils ont la surveillance.

Ils sont secondés, du reste, par les directeurs des écoles, qui, sous peine de révocation, doivent signaler immédiatement toutes les particularités qui peuvent se produire au point de vue hygiénique dans leurs établissements.

Ils sont en outre tenus d'observer certaines prescriptions d'hygiène en ce qui concerne le chauffage, la ventilation, l'éclairage et la propreté.

La vaccination n'est pas obligatoire ; mais l'article 10 de la loi du 14 juin 1859, complété par le règlement du 10 décembre de la même année, interdit l'entrée dans les écoles et les établissements publics d'instruction aux enfants non vaccinés.

Mon honorable correspondant a joint à sa lettre un important mémoire sur les maladies contagieuses et sur les moyens d'en combattre l'extension. Je regrette que les limites que je me suis imposées pour ce travail ne me permettent pas de l'analyser même sommairement.

Si la médication préventive, telle qu'elle est appliquée à Bruxelles, n'existe pas en Italie, il y a cependant des institutions dues à l'initiative privée, qui concourent au même but et peuvent, jusqu'à un certain point, la remplacer, bien qu'elles ne profitent qu'à un petit nombre d'enfants ; je veux parler des écoles de rachitiques et des hospices marins pour les scrofuleux.

Le docteur A.-J. Martin a donné une excellente description de ces établissements dans son rapport sur les travaux du Congrès international d'hygiène tenu à Turin en 1880.

2

Je tiens à en dire quelques mots, tant à cause des services qu'ils rendent, que dans l'espoir d'inspirer à de généreux donateurs la pensée d'en créer de semblables en France.

Les écoles de rachitiques ont le double avantage de soustraire les enfants aux railleries de leurs camarades et de corriger autant que possible leur difformité par des exercices de gymnastique gradués et appropriés à leur âge, en partant de ce principe que les os longs se courbent de manière à présenter la convexité du côté du muscle le plus faible.

Les succès constatés par le docteur Gamba, l'un des plus dévoués organisateurs de ces écoles, dans son rapport au Congrès de Turin, ne sauraient être uniquement attribués à la gymnastique.

En effet, les enfants âgés de quatre à douze ans, qui sont admis dans ces écoles, y arrivent le matin et y restent jusqu'au soir. Ils sont ainsi soustraits pendant toute la journée aux causes d'insalubrité au milieu desquelles vivent leurs parents.

A midi, ils reçoivent un repas confortable, et si le médecin le juge nécessaire, on leur administre de l'huile de foie de morue, du quinquina, du phosphate de chaux.

Une salle d'hydrothérapie sert à leur donner des douches à jets très faibles et des bains salés. Des appareils électriques sont disposés pour exciter la contractilité des muscles atrophiés ou affaiblis. Enfin des bons de viande, de pain et de vin sont distribués aux familles pour améliorer le repas du soir.

Quant à l'instruction, elle est la même qu'à l'école communale. Il y a actuellement quatre de ces écoles à Turin et une à Gênes, à Palerme, à Mantoue. De plus, le célèbre chirurgien Rizzoli a laissé sa fortune, qui s'élève à plusieurs millions, pour la construction d'un hôpital orthopédique modèle près de Bologne.

L'Institut de Milan, dirigé par le docteur G. Pini, est consacré aux enfants âgés seulement de deux à six ans.

Le savant directeur fait avant tout de l'hygiène. Il s'efforce d'arrêter la maladie dès son apparition, avant que les lésions aient pu s'aggraver ou devenir définitives. Les petits enfants ont des gardiennes qui cherchent surtout à les amuser. Elles leur apprennent à lire, à écrire et à compter. La plus grande partie de la journée se passe à faire de la gymnastique appropriée à leur âge et à leur déformation. Ils prennent des douches et des bains, se reposent et dorment. Comme dans les écoles de Turin, on leur donne la nourriture et les médicaments propres à leur état de santé.

Quant aux hospices marins pour les scrofuleux, il en a été créé vingt et un depuis 1856 : huit sont situés sur les côtes de l'Adriatique et treize sur celles de la Méditerranée. Les uns consistent en une modeste maison prise en location au bord d'une plage, et dans laquelle on envoie une cinquantaine d'enfants scrofuleux ou rachitiques sous la conduite d'une ou de deux personnes de confiance. D'autres, comme celui de Lido, sont de véritables hospices généralement ouverts pendant quatre mois de l'année.

Nous avons en France quelques-uns de ces établissements, mais trop peu d'enfants peuvent en profiter, et cependant n'est-ce pas en combattant la scrofule, ce terrain si favorable au développement du bacille de la tuberculose, qu'on arrivera à diminuer le nombre si effrayant des victimes que fait tous les jours la phthisie pulmonaire ?

Portugal. — D'après la loi portugaise du 3 décembre 1868, sur l'organisation générale de l'hygiène publique, l'inspection hygiénique, sinon médicale des écoles, incombe aux délégués et aux sous-délégués de la santé.

Ils sont docteurs en médecine et nommés au concours. Il leur est beaucoup demandé et par contre peu donné, du moins en francs.

Le traitement d'un délégué chargé du service de la santé n'est en effet que de 120,000 reis, qui ne font que 800 francs. Les sous-délégués ne reçoivent que des indemnités proportionnées à leurs vacations, et, en cas d'épidémie, des gratifications des chambres municipales. Il est évident qu'avec de pareils traitements ils ne peuvent consacrer beaucoup de temps à l'inspection des écoles.

A Lisbonne, cette inspection est confiée à un médecin du bureau d'hygiène, qui doit visiter toutes les écoles au moins une fois par mois.

La vaccination est propagée avec activité et la déclaration des maladies contagieuses est obligatoire pour tout médecin.

République Argentine. — L'inspection médicale ne date que de 1881 et elle est due à l'initiative de notre collègue, le docteur Emilio Coni.

Cet honorable confrère, pendant un voyage fait en Europe en 1879, visita la ville de Bruxelles et put apprécier les excellents résultats obtenus dans cette ville par les efforts du docteur Janssens.

Rentré dans son pays, il fit de nombreuses conférences pour démontrer l'utilité de la surveillance hygiénique et médicale des écoles, et, pour en faire la démonstration, il l'établit d'abord dans une, puis dans deux paroisses de Buenos-Ayres.

Les résultats obtenus sont consignés dans une brochure qu'il a bien voulu nous envoyer et qui contient plusieurs rapports intéressants. Le premier, adressé au super-intendant du conseil

national de l'éducation, est rédigé par le président de la commission de la deuxième section, dont le docteur Coni est le vice-
président.

Le rapport, qui contient des renseignements intéressants sur
lesquels il m'est impossible de m'étendre, est divisé en trois chapitres. Le premier traite des locaux scolaires et du mobilier, le
second s'occupe de l'enfant sain et le troisième de l'enfant malade.

A propos de ce dernier chapitre, je dois signaler qu'une traduction de l'Instruction, rédigée par Delpech, sur les premiers
symptômes des maladies contagieuses qui peuvent atteindre les
enfants des salles d'asile et des écoles primaires, a été remise
entre les mains de tous les instituteurs.

Ce rapport constate aussi les bons résultats obtenus par la médication préventive pratiquée comme à Bruxelles.

On distribue en effet, dans les écoles, aux enfants qui en ont
besoin, du vin de quinquina avec phosphate de fer et de chaux,
des graines d'arséniate de fer, des pilules de Blancard, du citrate
de fer ammoniacal, et pour parer aux accidents qui pourraient
survenir, il y a aussi de la teinture d'arnica, de l'eau de Goulard
et du sparadrap.

Il faut reconnaître que, sur ce terrain de la médication préventive, cette petite république est plus avancée que la nôtre.

La température est prise trois fois par jour et, dès qu'elle est
trop élevée, l'enseignement est suspendu.

Chaque élève possède son carnet sanitaire dont une copie est
remise aux parents; sur chacun d'eux est indiqué d'un côté la
mensuration somatologique, la constitution, le tempérament.

L'autre côté est consacré aux observations purement médicales,
telles que les maladies dont il a été atteint, l'état de ses dents,
les résultats de la revaccination et enfin les effets de la médication préventive.

En terminant sa lettre, le Dr Coni dit que sous peu l'inspection
médicale sera étendue à toute la ville de Buenos-Ayres. Espérons
que toutes les écoles de la République ne tarderont pas à jouir
des mêmes bienfaits.

Roumanie. — La loi du 8 juin 1874 a organisé dans ce pays
une administration sanitaire des plus complètes; en effet, il y a
près du ministre de l'intérieur un conseil médical supérieur, près
des préfets un conseil d'hygiène publique et un médecin de district ou primaire, nommé par le roi, près des sous-préfets un médecin d'arrondissement nommé par le conseil général du district
et dans les villes un ou plusieurs médecins communaux nommés
par le conseil municipal.

L'inspection des écoles dépend de l'État, même quand elle est confiée aux médecins municipaux. Les médecins de district, d'arrondissement ou communaux chargés de cette inspection ne touchent pas d'indemnité spéciale, ce service faisant partie de leurs attributions officielles. Elle est faite dans toutes les écoles primaires et secondaires. Dans les lycées, séminaires et écoles normales, elle est confiée au médecin de l'établissement, qui est en même temps chargé d'un cours d'hygiène. Son traitement est inscrit au budget de l'école.

L'éminent doyen de la faculté de Bucharest a eu l'obligeance de m'envoyer la traduction des articles de la loi sur l'organisation des services sanitaires récemment promulguée, qui ont trait à l'hygiène des écoles. Les voici :

Art. 13. Le maire surveille, avec le concours du Conseil d'hygiène et de salubrité publique, l'état hygiénique des écoles, internats, etc.

Art. 22. Les membres du conseil sanitaire supérieur font une fois par an une inspection générale dans leurs circonscriptions (le pays étant divisé en 32 districts, les membres du conseil qui sont au nombre de 8 ont chacun 4 districts); ils visitent les écoles publiques et privées et adressent au ministre de l'intérieur un rapport indiquant le résultat de leur inspection.

Art. 34. Le médecin en chef de chaque district inspecte au moins une fois par an toutes les communes de son district et examine l'état hygiénique des écoles, internats, etc. Le résultat de ces inspections est communiqué au préfet et au Conseil sanitaire supérieur.

Art. 38. Les médecins d'arrondissement inspectent une fois par mois toutes les communes de leur arrondissement, examinent l'état hygiénique de toutes les écoles rurales, etc., et adressent un rapport au médecin en chef du district et au sous-préfet.

Art. 45. Les médecins municipaux sont chargés de l'inspection périodique des écoles de la ville.

Art. 51. Les conseils d'hygiène publique et de salubrité sont obligés de contrôler l'état hygiénique des écoles, internats, etc. Le résultat de leurs visites est communiqué au préfet et au ministre de l'intérieur qui les soumettent au directeur général du service sanitaire et au Conseil sanitaire supérieur.

Art. 116. Un règlement spécial va prescrire les conditions hygiéniques des écoles et internats publics et privés.

Ce règlement, ajoute le professeur Félix, n'a pas encore paru; en attendant, M. le ministre de l'instruction et des cultes a ordonné des mesures pour empêcher dans les écoles urbaines la propagation des maladies contagieuses, telles que l'interdiction de fréquenter l'école imposée aux enfants appartenant aux familles dont un membre est atteint d'une de ces maladies contagieuses.

A Bucharest, l'inspection scolaire est organisée déjà depuis plusieurs années et fonctionne très bien. La ville est divisée en neuf circonscriptions sanitaires ; chacune d'elles a un médecin communal qui fait partie du Conseil d'hygiène publique et qui est chargé de l'inspection des écoles de sa circonscription. Deux fois par an, le médecin en chef de la ville, qui est vice-président du Conseil d'hygiène, fait lui-même l'inspection de toutes les écoles et consigne ses observations dans un rapport qui est adressé, suivant son importance, au maire ou au ministre de l'instruction publique.

Les enfants doivent être vaccinés avant d'entrer à l'école, et revaccinés avant d'en sortir.

Russie. — L'administration sanitaire dépend du ministère de l'intérieur où elle forme une direction. Près du ministère, il y a un conseil médical, sorte de comité consultatif, et dans chaque gouvernement, arrondissement et district, un médecin officiel. L'exercice de la profession médicale est interdit à ces médecins qui sont chargés de tout ce qui concerne la police sanitaire et principalement des mesures à prendre en temps d'épidémie, surtout lorsqu'il s'agit de la scarlatine et de la diphthérie qui font de nombreuses victimes en Russie. « Bien qu'il n'y ait pas d'inspection médicale proprement dite, m'écrit le Dr Huebner, on ne peut cependant passer sous silence que les municipalités de certaines grandes villes commencent à admettre dans les conseils scolaires les médecins municipaux ou de district, le plus souvent, il est vrai, sur leur demande. Ne pouvant, à cause de leur petit nombre, surveiller en personne toutes les écoles de leur district, ces médecins s'efforcent de propager parmi les instituteurs des notions d'hygiène scolaire. »

Dans les établissements d'enseignement secondaire, il y a des médecins attachés spécialement à ces établissements. Leurs obligations sont réglées par les articles 64 et 65 du décret de 1874, dont je dois la traduction au Dr Lubelski, médecin du consulat de France à Varsovie.

Art. 64. Un médecin présenté par l'autorité scolaire des établissements respectifs, gymnases ou progymnases, et confirmé dans son emploi par le curateur de l'arrondissement, est attaché à chaque établissement.

Art. 65. Les devoirs du médecin scolaire sont de soigner les élèves et de se préoccuper constamment de leur santé. Il doit veiller à ce qu'on n'admette pas d'élèves atteints d'infirmités ou de maladies pouvant empêcher leur admission dans ces établissements. Il doit veiller à ce que l'installation de l'établissement scolaire et l'horaire des leçons soient conformes, dans la mesure du possible, avec l'hygiène scolaire, et que les exercices gymnastiques soient en rapport avec les lois du développement physique des jeunes gens. Le médecin présente ses observations à ce sujet à la direction de l'école et au conseil pédagogique qui les discute et les insère dans les procès-verbaux de ses séances.

Ce n'est qu'à Saint-Pétersbourg que nous trouvons une inspection médicale sérieuse des écoles primaires. Cette inspection, m'écrit l'honorable maire de Saint-Pétersbourg, le Dr de Lickatscheff, a été confiée, en 1882 et 1883, à 5 femmes médecins. En 1884, lors de l'organisation du service de l'assistance publique, l'inspection médicale est entrée dans les attributions des 25 médecins, y compris les 5 médecins femmes, nommés pour assurer le service de l'assistance. Mon honorable correspondant a joint à sa lettre trois brochures remplies de renseignements statistiques et autres des plus intéressants, que je regrette de ne pouvoir analyser ici.

La vaccination n'est pas obligatoire, mais exigée pour l'admission aux écoles.

Serbie. — Ce petit État a une organisation sanitaire très complète se rapprochant beaucoup de celle de sa voisine, la Roumanie. « Elle nous apparaît, dit le Dr A.-J. Martin, comme une sorte d'idéal dont il faut féliciter cette jeune et sympathique nation d'avoir pu fixer chez elle les bases dès les premiers jours de son indépendance. » Sans entrer dans les détails de cette organisation que l'on trouvera dans l'important ouvrage de notre savant collègue, je dois cependant en dire quelques mots pour expliquer son rôle dans les écoles. Une direction générale de la santé publique est attachée au ministère de l'intérieur ; le directeur actuel est le Dr Vladan Georgewitch, créateur de l'administration sanitaire en Serbie ; dans chaque préfecture, il y a un médecin de département et dans chaque sous-préfecture un médecin d'arrondissement ; de plus, chaque ville, ayant 10,000 habitants et plus, est tenue d'avoir un ou plusieurs médecins communaux.

Tous ces médecins sont chargés, dans leurs circonscriptions respectives, de veiller à la santé publique, de s'assurer du bon état hygiénique des habitations et en particulier des écoles, des hôpitaux, etc., de rechercher la cause des épidémies et de prescrire les mesures jugées nécessaires pour en arrêter les progrès, de veiller à ce que la vaccination et la revaccination soient ponctuellement exécutées conformément aux prescriptions de la loi. Ils sont tenus, en outre, de rédiger des rapports sur l'état de la santé publique dans leurs arrondissements d'après un formulaire rédigé par le ministère de l'intérieur. Il faut ajouter que les autorités sanitaires ont tout pouvoir pour prendre les mesures jugées nécessaires dans l'intérêt de la santé publique.

La vaccination et la revaccination sont obligatoires et gratuites.

Suisse. — « Dans notre État fédératif, m'écrit le Dr Dunant, le gouvernement n'a aucune autorité pour ce qui concerne l'inspection médicale des écoles. Chacun de nos 25 cantons ou demi-cantons constitue un État souverain et non pas une province, comme le serait un département français.

Il fait ses lois et règlements comme bon lui semble et bien souvent tout différents de ceux des autres cantons.

C'est généralement l'État, ainsi composé, qui dirige l'instruction et qui, dans le canton de Genève pour lequel seulement je puis vous renseigner exactement, organise l'inspection médicale des écoles primaires publiques.

Il y a, pour ce service, des médecins spéciaux et un budget particulier. L'inspection des écoles enfantines est laissée au soin des communes. Les inspecteurs médicaux des écoles primaires doivent faire régulièrement deux visites par an, répondre à tous les appels de l'autorité scolaire et faire des inspections supplémentaires en cas de maladie épidémique. »

Dans le canton de Lausanne, grâce au dévouement du Dr Joell, nommé récemment médecin inspecteur des écoles de la ville, une inspection sérieuse et vraiment scientifique à l'instar de celle de Bruxelles est faite dans les écoles, malgré les modestes ressources mises à sa disposition. Dans un rapport lu au Congrès de la Haye, notre savant collègue expose ce qu'il a fait et les résultats qu'il a obtenus. « Les écoles, dit-il, sont une mine inépuisable d'observations intéressantes, et malgré les travaux importants qui surgissent de tout côté, je pense que nous avons encore devant nous un vaste champ dont bien des sillons sont encore inexplorés. » Il faut reconnaître que sa tâche lui est facilitée par le concours que lui prête tout le personnel enseignant.

Ainsi, matin et soir, au commencement et à la fin de chaque classe, la température est prise dans toutes les salles et des rapports mensuels lui sont adressés par les maîtres et maîtresses sur les maladies qui ont éloigné les enfants de l'école. Il y a eu au début quelques hésitations, quelques retards et des différences assez notables dans la manière de rédiger ces rapports, mais tout cela a disparu; ils sont aujourd'hui rédigés d'une manière uniforme, grâce aux instructions formulées par le Dr Joell dans une petite brochure[1] qu'il a bien voulu nous envoyer et qui, mise à la dis-

---

1. *Instructions résumées* sur l'hygiène des écoles de la ville de Lausanne, 1884. (Circulaire.)

position des maîtres, leur a fait, en outre, comprendre tout l'intérêt attaché aux renseignements qui leur sont demandés.

Une instruction du 20 avril 1885 leur indique les premiers symptômes des maladies infectieuses et parasitaires qui peuvent se développer chez les enfants et les met à même de renvoyer dans leurs familles ceux qui les présentent.

Mais une difficulté restait à surmonter : il fallait s'assurer de l'exactitude du diagnostic de la maladie qui tenait l'enfant éloigné de l'école. Pour cela, notre collègue s'est assuré le bienveillant concours de tous les médecins de la ville, qui inscrivent sur un bulletin imprimé qu'ils lui font parvenir immédiatement le nom de la maladie de leur jeune client. De plus, le Dr Joell, étant médecin de l'hôpital des enfants, peut, dans bien des cas, l'établir lui-même. L'examen des yeux, des oreilles et des dents est fait aussi avec beaucoup de soin. Il en est de même des mensurations somatologiques, si utiles pour étudier le développement physique des enfants.

« La semaine dernière, m'écrit mon honorable correspondant, j'ai fait mesurer la taille de tous les enfants des écoles municipales âgés de sept à seize ans, au nombre de 2,500 ; je compte faire la même opération l'année prochaine dans les écoles de la banlieue et j'en ferai connaître les résultats dans un travail que j'adresserai à la Société de médecine publique. Il est inutile de dire que nous lirons ce travail avec d'autant plus d'intérêt que les données physiologiques que peut fournir la mensuration somatologique n'ont encore été déduites par personne.

Le certificat de vaccination est exigé avant l'admission des enfants à l'école. On n'a pas oublié avec quel éclat le peuple suisse a rejeté l'inscription dans la loi de l'obligation de la vaccination, croyant voir dans cette proposition un empiétement du pouvoir central sur la souveraineté cantonale.

Norvège. — Il y a en Norvège un bureau des affaires médicales attaché au ministère de l'intérieur et dirigé par un médecin ; puis des médecins de district (*Distrikts læger*), des médecins de villes de 1re classe (*Stade physiker*), des médecins de villes de 2e classe (*Stade læger*) qui tous s'occupent de l'hygiène et de la salubrité publique. Ils sont secondés par des commissions sanitaires.

Il n'y a pas d'inspection médicale des écoles qui, sous le rapport de l'hygiène sont soumises aux mêmes lois que les autres habitations. Mais des mesures très sévères sont prises contre les maladies contagieuses ; ainsi toute personne, y compris le médecin traitant, qui a connaissance d'un cas de maladie contagieuse ou

maligne, doit le faire savoir immédiatement aux autorités sanitaires. L'utilité de cette déclaration est admise par tous les médecins ; aussi ne manquent-ils jamais de la faire.

La vaccination est obligatoire sans qu'aucune pénalité soit encou-
rue par celui qui ne s'y soumet pas ; mais il ne peut ni aller à l'é-
cole, ni être confirmé, ni même se marier sans avoir été vacciné.

Suède. — La plus haute autorité sanitaire de ce pays est le collège de santé placé auprès du ministère des cultes. Puis viennent
dans les provinces les comités de salubrité et les conseils communaux. Près de chacun de ces conseils, se trouve un ou plusieurs
médecins officiels, médecins provinciaux, médecins de district et
médecins communaux qui tous concourent au même but : la con-
servation de la santé publique.

En ce qui concerne spécialement les écoles, il a été fait peu de
chose jusqu'à présent, et ce n'est guère que dans les établissements
d'enseignement secondaire qu'on s'est occupé de la santé des enfants.

En effet, dès 1840, m'écrit le Dr Elias Heymann, professeur d'hygiène à Stockholm, dans ces écoles existent des médecins spéciaux
chargés de soigner les élèves pauvres.

La première loi scolaire qui fait mention d'une assistance hygiénique d'un médecin est le règlement de 1863, qui prescrit au commencement de chaque semestre l'examen de chaque élève pour ac-
corder des dispenses de gymnastique. En 1878, une loi ordonne
qu'un médecin soit attaché à chaque lycée pour soigner les élèves
pauvres en cas de maladie; pour rechercher les causes qui peuvent
influer sur la santé des élèves et donner aux recteurs des avis et
des conseils sur les améliorations hygiéniques qui pourraient être
introduites dans l'établissement.

Au commencement et à la fin de chaque semestre, le médecin
doit examiner tous les élèves et prendre des notes qui serviront de
base aux rapports qu'il adressera au recteur. Celui-ci fera à son
tour un rapport annuel qui sera adressé au conseil supérieur de la
santé publique.

Je donne ci-après un fac-simile d'un de ces imprimés que le
médecin doit remplir.

Les appointements très modestes de ces médecins sont pris sur le
budget de l'école. Leur influence ne peut être bien grande, car ils
n'ont que voix consultative dans les conseils de l'école.

Dernièrement, une commission, chargée par le gouvernement d'é-
tudier la question scolaire dans toute son étendue, a présenté un
projet de loi concernant la surveillance médicale des écoles. J'ai
reçu du ministre de l'instruction publique, grâce à la diligence du

Dr Klas Linroth, médecin en chef du service de la santé de la ville de Stockholm, le résultat des travaux de cette commission.

C'est un gros volume de 700 pages dû à la plume de l'éminent professeur Axel Key, rapporteur de la commission.

Nombre des élèves.	Âge moyen.	CONSTITUTION			ÉTAT DE SANTÉ		Atteints de chlorose ou d'anémie.	Maux de tête fréquents.	Épistaxis fréquentes.	DEGRÉ DE MYOPIE			Somme des myopes.	Myopie pour 100 élèves.
		Bonne.	Moyenne.	Faible.	Bon.	Moins bon.				Au-dessous de 3 D.	3-6 D.	Au-dessus de 3 D.		

L'auteur, après avoir consacré plusieurs chapitres à l'influence de l'école sur la santé, au travail exigé des enfants, à l'influence du travail et du repos, à la capacité intellectuelle des élèves, à la myopie, au développement corporel des élèves aux différents âges, aux bâtiments et au mobilier scolaire, et enfin à l'habitation de la famille de l'enfant, constate la nécessité d'une surveillance médicale sérieuse des écoles et soumet au ministre un projet de loi que j'ai fait traduire et que je reproduis textuellement. Je tiens d'autant plus à le faire connaître qu'il est le premier publié jusqu'à ce jour, sur l'organisation de l'Inspection médicale et hygiénique des établissements d'enseignement secondaire.

A ce volume sont ajoutés des tracés graphiques et des tableaux des plus intéressants à consulter, que je regrette de ne pouvoir étudier comme je le voudrais.

Projet du professeur Axel Key (de Stockholm).

I. — *Indications générales.*

1° Dans chaque collège, il y aura un médecin chargé de la surveillance médicale des élèves et du contrôle hygiénique de l'école, il recevra un traitement de l'État.

2° Il lui sera adjoint, pour l'exécution d'une partie du travail technique et pour la surveillance quotidienne, un assistant qui sera choisi de préférence parmi les maîtres, et qui sera rétribué par l'État;

3° Le médecin fera partie du conseil de l'école; il y traitera les questions intéressant l'hygiène générale de l'établissement et l'hygiène spéciale des élèves; il donnera aussi son avis sur le plan d'étude.

II. — Devoirs du médecin.

Le médecin, au commencement du trimestre d'automne et aussi des autres trimestres, procédera à la visite de tous les élèves au point de vue de la santé et de la constitution de chacun d'eux. Aux mêmes époques, on les mesurera et on les pèsera. (Pour cela, on leur enlèvera leur jaquette et leurs souliers; le poids des autres vêtements sera calculé approximativement.) Cette opération sera faite sous la surveillance du médecin; mais le travail matériel sera fait par l'assistant.

1° A la visite du trimestre d'hiver, on recherchera plus spécialement la capacité intellectuelle de l'élève afin de la prendre pour base de classement;

2° Au commencement du trimestre d'été, on s'occupera plus spécialement du développement physique en vue des exercices de gymnastique;

3° Dans le cours de ce trimestre et principalement vers la fin, on fera des remarques suivant des méthodes qui seront établies, sur l'acuité visuelle, principalement au sujet de la myopie;

4° En cas de maladie, le médecin donnera des soins aux boursiers seulement.

5° Chaque cas réel ou supposé de maladie contagieuse sera signalé au médecin de l'école, qui, après examen, prescrira les mesures de prudence indiquées en pareil cas. Il aura le droit de visiter l'élève malade dans son domicile. Celui-ci, après sa guérison, pourra rentrer à l'établissement avec un certificat du médecin traitant, délivré d'après une formule spéciale qui indiquera que les mesures nécessaires pour éviter la transmission de la maladie ont été prises; le certificat doit être visé par le médecin de l'école avant l'admission de l'élève. Sur la demande du directeur, le médecin devra visiter la maison de l'élève pour s'assurer que la désinfection a été faite et qu'il n'y a aucun danger à le recevoir; s'il avait des raisons de s'y opposer, il devrait en prévenir immédiatement le directeur.

Le médecin de l'école ne peut ordonner la fermeture de l'école; cette décision ne peut être prise que par la direction;

6° Au moins une fois par mois le médecin fera l'inspection hygiénique des bâtiments et des salles, au point de vue de la propreté, de l'aération, de la température, de l'éclairage, etc. Il indiquera le résultat de ses visites dans un rapport rédigé sur des imprimés spéciaux fournis par l'État, et il l'adressera à la Direction.

7° Les rapports mensuels serviront de base au rapport qu'il rédigera à la fin de chaque année et qui traitera de l'état hygiénique et sanitaire de l'école pendant le courant de l'année.

8° Lorsqu'il sera question de constructions nouvelles, le médecin examinera la situation, la nature du sol et l'exposition, et rédigera son rapport. Les plans lui seront soumis, il les étudiera au point de vue de l'hygiène et réunira ses observations dans un rapport qui sera joint aux autres documents et envoyé à l'administration qui décidera. Pendant la construction, il s'assurera de l'exécution des mesures hygiéniques et adressera ses observations à la direction s'il y a lieu;

9° Le traitement attaché à ces fonctions sera d'une couronne ou 1 fr. 40 par élève et par année, auquel s'ajoutera un traitement fixe, payé par l'État, de 100 couronnes pour les écoles à cinq classes et de 150 couronnes payées pour les écoles supérieures.

III. — *Devoirs de l'assistant hygiéniste.*

1° Il accompagne et assiste le médecin dans ses visites trimestrielles;

2° Il exerce un contrôle quotidien sur l'état sanitaire et hygiènique de l'école et spécialement en ce qui concerne la propreté, l'aération, la température, etc.;

3° Sur la demande du directeur ou du médecin, il fera des recherches sur la composition de l'air;

4° Il prendra des mesures provisoires pour parer aux inconvénients qu'il aura observés, à condition qu'elles n'entraînent pas de dépense;

5° Pour les changements ou les améliorations importantes ainsi que pour toute mesure qui occasionnerait une dépense et qui, de l'avis de l'assistant, devrait être faite, il adressera une demande motivée au médecin;

6° Son traitement sera de 150 couronnes pour les écoles à cinq classes et de 200 couronnes pour les écoles supérieures; il sera payé par l'État.

Pour les écoles communales, il suffira d'adresser une demande pour obtenir l'inspection médicale, qui se fera suivant les règles énoncées plus haut avec les modifications jugées convenables.

Il n'y aura pas d'assistant hygiéniste.

AXEL KEY.

En résumé, l'inspection hygiénique des écoles, dont l'utilité est généralement reconnue, fait partie du service de l'inspection sanitaire dans les pays où cette organisation existe.

Elle est exercée par des médecins officiels chargés de fonctions multiples et nommés par l'État, excepté en Hongrie où ils le sont au concours. L'exercice de la profession médicale est interdit à ces médecins, en Hongrie, en Norvège et en Russie.

Elle porte sur l'état des bâtiments et du mobilier scolaires; sur l'éclairage, le chauffage et la ventilation des salles; sur les cours, préaux et cabinets d'aisance; c'est dire qu'elle est purement hygiénique.

Il n'en est pas de même dans les pays qui n'ont pas de police sanitaire organisée administrativement, comme la Belgique, l'Italie et la Suisse. Ici elle a été créée par les municipalités, parmi lesquelles il faut citer Turin, Lausanne, Buenos-Ayres et surtout Bruxelles, et établie sur des bases beaucoup plus larges.

Elle comprend, en effet, outre la visite des bâtiments, etc., l'examen de l'enfant sain et de l'enfant malade. Elle constate l'état de sa constitution et de ses organes des sens; elle recherche les affections contagieuses et parasitaires, les maladies des yeux, des oreilles et des dents dont il peut être atteint et enfin elle combat par la médication préventive, à Bruxelles et à Buenos-Ayres, les prédispositions morbides constitutionnelles ou acquises qu'il peut présenter.

Le développement et l'extension des maladies contagieuses sont combattus avec plus ou moins d'énergie et de succès par tous les gouvernements. Pour atteindre le fléau dès son apparition, les médecins praticiens sont obligés dans certains pays de faire connaître dans les vingt-quatre heures aux autorités sanitaires ou administratives, le nom et l'adresse des personnes atteintes qui ont réclamé leurs soins.

Lorsqu'une de ces maladies frappe un élève des écoles, il est immédiatement renvoyé dans sa famille et ne peut être admis de nouveau qu'après constatation par certificat médical de sa guérison complète; dans certains pays, on interdit l'entrée de l'école aux enfants qui habitent le même logement et, en Hollande et à New-York, cette interdiction s'étend à tous les enfants de la maison contaminée.

Dans tous les États, aucun élève ne peut être admis dans les écoles primaires ou secondaires, que s'il a été vacciné avec succès. Néanmoins, la vaccination n'est légalement obligatoire qu'en Angleterre, en Allemagne, en Danemark, en Grèce, en Norvège et en Serbie. La revaccination ne l'est qu'en Allemagne, en Grèce et en Serbie.

DEUXIÈME PARTIE

DE L'INSPECTION HYGIÉNIQUE ET MÉDICALE DES ÉCOLES EN FRANCE

La Seine est le premier département, et Paris la première ville de France, qui aient introduit dans leurs écoles l'inspection sanitaire. Elle y a en effet été établie par un arrêté préfectoral du 13 juin 1879, pris à la suite d'une délibération du conseil général et du conseil municipal. — Peu de temps après, le conseil municipal de Lyon en décidait l'application dans les écoles communales, et un arrêté préfectoral du 15 octobre lui donnait immédiatement satisfaction. Dans ces deux villes le service de l'inspection médicale n'est pas rattaché à d'autres services d'hygiène.

Il n'en est pas de même dans quelques autres villes, telles que le Havre (24 juin 1879), Saint-Étienne (31 janvier 1881), Reims (1er avril 1882), et Amiens (22 avril 1884), qui possèdent une organisation complète de la médecine publique, connue sous le nom de bureau d'hygiène, de laquelle fait naturellement partie l'inspection sanitaire des écoles.

Pour être impartial et complet, je dois dire que bien avant toutes ces villes, depuis une trentaine d'années déjà, dans quelques départements, comme les Hautes et Basses-Alpes et la Meurthe, les médecins cantonaux visitent les écoles et signalent, dans leurs rapports annuels, les causes d'insalubrité qu'ils y rencontrent. Cette inspection, bien que purement hygiénique, mérite cependant d'être signalée.

Convaincu des avantages que pourrait procurer son application dans toutes les écoles de France, le ministre de l'instruction publique, dans une circulaire en date du 14 novembre 1879, adressée aux préfets, définissait ainsi les attributions des médecins :

« La mission de MM. les médecins inspecteurs consistera à visiter, dans leurs tournées de clientèle, les écoles publiques existant dans les communes de la circonscription qui leur sera attribuée, afin d'examiner la salubrité des bâtiments et l'état sanitaire des élèves. Ils veilleront à ce que les conditions hygiéniques soient exactement remplies, adresseront aux maîtres et aux familles les conseils opportuns, et transmettront tous renseignements à l'administration départementale. »

La connaissance des suites données à cette circulaire était pour nous d'une importance capitale, car seule elle pouvait permettre d'apprécier l'état actuel de la question et les efforts tentés dans ce sens. Mais cette connaissance, pour avoir le caractère d'authenticité et de certitude désirable, devait être basée sur des documents officiels que le ministère de l'instruction publique pouvait seul fournir. Notre honorable collègue M. Buisson, directeur de l'enseignement primaire, voulut bien soumettre à M. le ministre, qui l'approuva, un questionnaire que j'avais rédigé et qui fut adressé à tous les préfets. Les réponses ne tardèrent pas à arriver et me furent aussitôt communiquées ; c'est d'après elles que je puis fournir les renseignements suivants, qui établissent avec toute l'exactitude désirable l'état actuel de l'inspection sanitaire des écoles en France.

Dans 55 départements aucune suite n'a été donnée à la circulaire ministérielle. Cela n'a pas lieu de surprendre ; cette circulaire étant muette sur les moyens budgétaires destinés à rémunérer les médecins inspecteurs, et les préfets sachant qu'ils n'avaient rien à espérer pour cet objet, ni des conseils généraux, ni des conseils municipaux, ont préféré, pour ne pas abuser du dévouement des médecins, sur lequel cependant ils savaient pouvoir compter, ont préféré, dis-je, ne pas prendre un arrêté qui selon toute apparence ne serait pas exécuté. Ils se heurtaient, en outre, pour certains départements, comme le Finistère, devant la pénurie des médecins et les longs et coûteux déplacements que cette inspection leur imposerait.

Dans l'*Ardèche*, le *Puy-de-Dôme*, le *Jura*, la *Vendée* et le *Morbihan*, des arrêtés ont été pris mais n'ont pas été exécutés.

A Lorient seulement, un médecin a été chargé de ce service pour toutes les écoles publiques de la ville.

Dans les 12 départements suivants on a été plus loin. Les arrêtés pris ont reçu un commencement d'exécution, mais le service laisse à désirer, et les rapports ne sont pas régulièrement envoyés. Dans ces départements, comme dans les précédents, les médecins ne touchent aucune indemnité. Ce sont la *Charente*, la *Haute-Garonne*, l'*Indre-et-Loire*, les *Landes*, la *Manche*, l'*Oise*, l'*Orne*, la *Savoie*, la *Vienne*, les *Bouches-du-Rhône*, le *Lot* et la *Marne*. Un mot sur chacun d'eux.

La *Charente* a été divisée en 61 circonscriptions par arrêté préfectoral du 6 août 1880. Quelques-unes de ces circonscriptions comprennent 25 communes.

Dans la *Haute-Garonne* elle a été organisée par arrêté préfectoral du 10 mai 1880, suivi d'un réglement trés complet, en date du 21 mars 1881.

En *Indre-et-Loire*, un arrêté du 16 avril 1880 prescrit la visite des écoles seulement sur la demande du maire. A Tours, il existe, depuis 1867, un service d'assistance médicale auquel est joint l'inspection des écoles ; ce service est confié à quatre médecins.

Un arrêté préfectoral du 1ᵉʳ juillet 1880 divise le département des *Landes* en 85 circonscriptions. Les rapports, qui doivent être semestriels, ne sont pas régulièrement envoyés.

Dans la *Manche*, l'inspection est faite par des médecins, membres de la délégation cantonale, qui ont bien voulu accepter ce service. A Saint-Lô, elle a été organisée récemment pour les écoles communales seulement.

Le département de l'*Oise* a été divisé en 128 circonscriptions, comprenant de 1 à 19 communes, par arrêté du 9 mars 1881. La fréquence des visites et la rédaction des rapports sont laissées à l'appréciation et à la bonne volonté des médecins.

Il en est de même dans l'*Orne* qui a été divisé en 31 circonscriptions par arrêté du 9 juillet 1880.

Dans la *Savoie* l'inspection sanitaire, depuis un arrêté du 29 mars 1880, a été confiée à 31 médecins qui, pour la plupart, sont aussi chargés du service des enfants du premier âge. Les salles d'asile sont visitées une fois par semaine, aux frais des communes.

Un arrêté préfectoral du 24 décembre 1880 divise le département de la Vienne en 40 circonscriptions, confiées à autant de médecins qui ne sont tenus d'envoyer des rapports que quand une épidémie sévit sur la population scolaire. Il en est de même dans les *Bouches-du-Rhône*, depuis novembre 1881 et dans le *Lot*, depuis le 21 décembre 1881.

La *Marne* a été divisée en 32 circonscriptions par un arrêté préfectoral du 16 avril 1880. Les médecins inspecteurs font régulièrement leur service et les améliorations qu'ils ont réclamées ont été en général exécutées. Ils touchent une indemnité vraiment humiliante du département : elle n'est en effet que de 5 francs par an et par commune ; dans les villes la même somme est payée pour deux écoles.

Dans l'*Allier*, la *Seine-Inférieure* et le *Vaucluse*, l'inspection est faite par les médecins chargés du service de la vaccine et des enfants du premier âge.

Dans le *Var* enfin, elle a été confiée à des médecins qui ont été nommés membres de la délégation cantonale par décision, en date du 7 juin 1880, du conseil départemental de l'instruction publique.

Dans 10 départements seulement, l'inspection médicale des écoles est régulièrement faite. Ce résultat doit être attribué à l'existence, dans ces départements, d'un service d'assistance publique. Il en est ainsi dans la *Drôme*, le *Cher*, les *Basses* et les *Hautes-Alpes*, la *Gironde*, l'*Hérault*, le *Loiret*, *Meurthe-et-Moselle*, la *Meuse* et enfin les *Vosges*.

Dans la Drôme l'assistance médicale existe depuis 1860. Un arrêté préfectoral du 1er janvier 1880 y a joint l'inspection des écoles. Les médecins n'adressent de rapports que sur la demande des autorités. Leur traitement n'a pas été augmenté.

Le *Cher* possède un service d'assistance depuis le 31 mars 1856. Les médecins qui en sont chargés font en outre l'inspection des écoles, depuis une circulaire préfectorale du mois d'avril 1884. Leur traitement, qui était de 300 francs, est resté le même.

La médecine gratuite est établie dans les *Basses-Alpes* depuis 1853. Elle y a été réorganisée par un arrêté préfectoral du 24 décembre 1857. L'article 23 de cet arrêté dit : « Les médecins cantonaux doivent exercer une surveillance incessante sur tout ce qui intéresse la salubrité publique. A cet effet, ils visiteront avec le maire les écoles publiques et particulières, etc. » Un rapport annuel est adressé au préfet. L'inspection des écoles privées se fait sans difficultés. Le département est divisé en 37 circonscriptions. Chaque médecin touche de 200 à 300 francs. Les dépenses sont couvertes par une subvention de 9,500 fr. payée par le département, plus une somme de 4,500 francs versée par les communes, et enfin un secours de 3,000 francs accordé par l'État.

Dans les *Hautes-Alpes*, l'arrêté préfectoral du 1er juin 1856, qui organise l'assistance médicale, dit à l'article 17, en parlant des médecins cantonaux : « Ils visitent spécialement les écoles communales afin de s'assurer de l'état sanitaire des enfants. » Je ferai remarquer que ce département est le seul qui depuis 1856 ait introduit dans les écoles l'inspection sanitaire des écoliers. Dans tous les autres il n'est question que de l'inspection des locaux scolaires. Les médecins adressent deux rapports par an. Le département est divisé en 61 circonscriptions dont quelques-unes comprennent 20 à 25 communes. L'indemnité payée aux médecins ne peut être inférieure à 250 francs, et supérieure à 600. Elle est fournie par une taxe annuelle de 10 francs par 100 habitants. C'est là un mode de répartition très équitable des charges de l'assistance, qui n'est appliqué que dans ce département.

Dans le département de la *Gironde*, d'après les renseignements qu'a bien voulu m'adresser notre éminent collègue le professeur Layet, de Bordeaux, l'inspection médicale a été établie dans toutes les écoles par un arrêté préfectoral du 23 février 1883. Elle est faite par les 55 médecins de l'assistance médicale dont le traitement, malgré ce surcroît de travail, n'a pas été augmenté. Le même arrêté nommait notre collègue directeur du service et lui adjoignait, pour l'arrondissement de Bordeaux, 5 collaborateurs parmi lesquels il faut citer le professeur Testut, actuellement à Lyon.

Grâce au service de vaccination gratuite établi à Bordeaux depuis 1881, les vaccinations et revaccinations des écoliers ont pu être faites chaque année en très grand nombre. La proportion des succès, pour l'ensemble de la population scolaire, a été de 43 0/0. Ce résultat, m'écrit M. Layet, est une démonstration éclatante des bienfaits qu'on assurerait à ces populations en complétant cette mesure par toutes celles dont l'ensemble rentre naturellement dans le cadre d'une inspection médicale scolaire bien organisée.

Hérault : Le service médical des indigents fonctionne depuis longtemps dans ce département. Les écoles sont visitées au point de vue hygiénique seulement. Les médecins touchent une indemnité de 100 francs pour les deux services.

Loiret : L'assistance médicale dans les campagnes fonctionne régulièrement depuis 1852. Un arrêté préfectoral du 22 décembre 1883 (art. 30) y ajoute l'inspection sanitaire. Les médecins adressent à l'autorité un rapport annuel. Leur traitement, qui est fait par les communes et le département, n'a pas été augmenté. Ils reçoivent de la commune 1 franc par indigent inscrit, et du département 0 fr. 05 par indigent et par kilomètre parcouru.

En *Meurthe-et-Moselle* depuis un arrêté préfectoral du 25 avril 1855 qui a organisé l'assistance médicale et le service de la vaccine, les médecins cantonaux sont tenus de visiter les écoles au point de vue hygiénique, et de s'assurer que tous les élèves ont été vaccinés avec succès. Ils doivent en outre signaler les causes d'insalubrité des localités qu'il visitent et indiquer les améliorations qu'il leur paraît possible d'y apporter. Cet arrêté a été complété par celui du 18 octobre 1876, dont quelques articles ont été modifiés par l'arrêté du 15 décembre 1884. C'est ainsi qu'à l'article 29 a été ajouté le paragraphe suivant, qui augmente les attributions des médecins au point de vue de la médecine publique : « Les médecins de l'assistance publique doivent, en outre, prêter leur concours aux conseils cantonaux d'hygiène dont ils font toujours partie, ainsi qu'aux médecins des épidémies. Ils sont chargés également d'éclairer les autorités municipales sur les améliorations à introduire dans les divers services communaux, au point de vue de l'hygiène et de la santé publique. En outre ils devront, dans leur rappport annuel, éclairer l'autorité préfectorale sur les progrès et les *desiderata* de l'hygiène rurale. » Si à cela on ajoute qu'ils sont chargés du service de la vaccine, de celui des enfants assistés et des enfants du premier âge, de la constatation des décès dans la commune où ils résident, et dans les autres sur la demande de l'autorité municipale, et de la visite des établissements industriels, on reconnaîtra qu'il reste peu de chose à faire pour avoir un service complet de médecine publique, et que si tous les départements étaient pourvus d'une semblable organisation, le plus grand pas serait fait dans ce sens. Ce service, habilement dirigé par notre excellent maître et ami le professeur Poincaré, de Nancy, fonctionne admirablement bien, rend les plus grands services et j'ajouterai n'impose pas une lourde charge au budget municipal ou départemental.

Le traitement des médecins n'est que de 300 à 600 francs; il est établi d'après le nombre des communes, les distances à parcourir, les difficultés des parcours et le chiffre de la population indigente; ils touchent de plus une légère indemnité pour les enfants assistés et protégés, et 50 francs par cent vaccinations pratiquées. Ces dépenses sont couvertes par les souscriptions volontaires des communes centralisées et par une subvention votée par le conseil général. Les médecins, au nombre de 51, adressent leurs rapports annuels au préfet qui les transmet au directeur du service. Celui-ci public un rapport d'ensemble des plus intéressants à consulter. Dans celui de l'année 1885, qui vient d'être publié, il n'y a pas moins de 20 écoles signalées par les médecins comme présentant de nombreuses causes d'insalubrité et d'incommodité.

Mais, jusqu'à présent, l'inspection n'a porté que sur l'hygiène de l'école; il sera facile de la compléter quand il s'agira d'appliquer les prescriptions de l'article 9 de la loi du 30 octobre. Il y a lieu d'espérer aussi qu'on augmentera le traitement des médecins proportionnellement aux nouvelles charges qu'on leur imposera.

Dans la *Meuse*, le service est fait par les médecins cantonaux.

Il en est de même dans les *Vosges*. L'arrêté préfectoral, en date du 27 juin 1884, qui y organise l'assistance médicale, dit à l'article 21 : « Chaque fois qu'il le jugera utile, le médecin se rendra dans les écoles publiques de sa section pour les visiter au double point de vue de la salubrité des bâtiments et de l'état sanitaire des enfants. » D'après l'article 23, l'inspection médicale ne donne droit à aucune indemnité.

De cette revue rapide, il ressort qu'une organisation départementale sérieuse de l'inspection médicale des écoles n'existe pas en France, malgré le désir du ministre de l'instruction publique et le bon vouloir du préfet. Cela tient à deux causes principales :

La première est l'absence d'autorité, et la seconde la gratuité de la fonction. L'inspecteur dépend-t-il du préfet ou du maire? On ne le sait.

En effet, lorsque les médecins ont demandé une indemnité aux préfets qui les avaient nommés, ceux-ci leur ont dit de s'adresser aux communes directement intéressées; celles-ci les ont renvoyés aux préfets, disant qu'elles n'étaient pour rien dans l'organisation du service. Les médecins, de leur côté, ne se sentant soutenus par personne, laissés sans direction et sans autorité et ne touchant aucune indemnité, n'ont pas tardé à reconnaître que, dans ces conditions, leur concours devenait illusoire, et ils ont cessé de visiter les écoles et d'envoyer des rapports.

La conclusion est facile à tirer : il faut organiser dans tous les départements un service complet de médecine publique qui comprendra naturellement l'inspection médicale des écoles. Sans cette organisation, il n'y a rien à espérer.

Ce qui le prouve surabondamment, ce sont les heureux résultats obtenus par les villes dont il me reste à parler, et qui, comprenant les avantages d'un service médical bien organisé, ont créé pour elles des bureaux d'hygiène.

Le premier Bureau d'hygiène créé en France est celui de Nancy, mais son action ne s'étend pas sur les écoles. Le second est celui du *Havre*. Dans cette ville, sur l'initiative de notre collègue le Dʳ Gibert et avec l'intelligent et bienveillant concours de la municipalité et surtout de son chef bien connu, M. Siegfried, un Bureau d'hygiène a été créé par arrêté du 18 mars 1879) complété par un règlement administratif du 24 juin de la même année. Par cet arrêté la ville est divisée en six circonscriptions confiées à autant de médecins. Chacun d'eux est chargé de la constatation des décès et des naissances, du service des épidémies (service facilité par les déclarations faites par les médecins de la ville et des hôpitaux), des vaccinations et revaccinations, de l'hygiène des voies publiques et des habitations et enfin de l'inspection médicale des écoles et salles d'asile.

Les médecins doivent les visiter au moins une fois par mois; ils consignent leurs observations dans des rapports adressés au directeur du Bureau.

La température des classes est prise par les maîtres tous les jours à 8 heures 1/2, à 11 heures, 2 heures et 4 heures, et inscrite sur des tableaux très bien compris qui devraient être adoptés pour nos écoles parisiennes.

En dehors de la visite mensuelle, les directeurs et directrices peuvent réclamer l'intervention du médecin de leur section, toutes les fois qu'ils se trouvent en face d'une affection évidemment contagieuse ou de nature douteuse.

Tous les renseignements fournis par les rapports des médecins sont consignés dans un rapport annuel des plus intéressants et des plus instructifs, rédigé avec beaucoup de soin par notre collègue le Dʳ Launay, placé depuis plusieurs années à la tête du Bureau d'hygiène qu'il dirige avec autant de science que de dévouement.

Reims: C'est encore sur l'initiative d'un de nos collègues, le Dʳ Henrot, que le Bureau d'hygiène de Reims a été créé par arrêté municipal du 1ᵉʳ avril 1882. Il se compose d'un directeur, le Dʳ Hoel, de 8 médecins de quartier, d'un chef du laboratoire de chimie et de micrographie et d'un vétérinaire.

Parmi les nombreuses attributions des médecins, énumérées dans l'article 6, se trouve l'inspection médicale des écoles et la propagation de la vaccine.

Dans son rapport sur les travaux du Bureau en 1885, le directeur constate les excellents résultats produits par l'inspection médicale des écoles et émet le vœu que les écoles libres soient soumises à cette inspection. La loi du 30 octobre dernier lui donne satisfaction, au moins en droit, sinon en fait.

Saint-Étienne : Cette ville essentiellement manufacturière est merveilleusement organisée sous le rapport de l'hygiène publique. Le Bureau d'hygiène, créé par arrêté municipal du 31 janvier 1883, pris à la suite d'une délibération du conseil municipal du 19 novembre 1883, comprend le service médical des indigents, la constatation des décès, l'inspection des écoles et tout ce qui concerne la salubrité. Ces services sont confiés à 4 médecins, sous la direction du Dr Fleury ; leurs traitements varient de 2,000 à 3,000 francs. Il y a en outre 4 médecins chargés des vaccinations et revaccinations et de différents autres services, qui touchent chacun 1,500 francs.

L'inspection des écoles est l'objet de la sollicitude toute particulière de l'infatigable et zélé directeur. Convaincu de la nécessité du concours des maîtres et maîtresses, il s'est efforcé de leur faire comprendre toute l'importance de cette inspection. Pour cela, il a organisé des conférences annuelles qui, je n'en doute pas, produiront les meilleurs résultats. La première a été faite par lui en juin 1885 sur l'hygiène scolaire, et la seconde en août 1886 par le Dr Regnaud sur les exercices du corps.

Il serait à désirer que cet exemple fût suivi partout, car, comme il me l'écrit, « l'inspection médicale ne portera tous ses fruits que lorsque les instituteurs nous prêteront sans réserve leur concours actif, et cela n'arrivera que quand ils seront convaincus de son utilité. »

Je dois ajouter que cette ville possède un institut vaccinogène dont les services se sont affirmés lors d'une épidémie de variole qui a fait de nombreuses victimes vers la fin de 1884. Grâce à lui, 4,600 vaccinations et revaccinations ont pu être pratiquées dans les écoles en quelques semaines.

Amiens : La création du Bureau d'hygiène d'Amiens date du 22 avril 1884. Il est placé sous l'habile direction du Dr Richer, professeur à l'École de médecine, et comprend absolument tout ce qui intéresse la santé publique, y compris naturellement l'inspection médicale des écoles. La ville est divisée en 8 circonscriptions confiées à autant de médecins. Ce qui concerne plus particulièrement les écoles est indiqué sous le titre III dans les articles 17, 18, 19, 20 et 21. J'appelle particulièrement l'attention sur l'article 20 qui montre clairement l'utilité de la réunion dans les mêmes mains du service des indigents et de l'inspection des écoles, et des avantages que l'on peut tirer de cette réunion pour la constatation des causes d'absence attribuées à la maladie. En voici le texte : « Il visite les enfants qui seront désignés comme indigents par le bureau d'hygiène et dont l'absence de l'école pourrait entraîner pour les parents l'application des mesures de rigueur prévues par la loi sur l'obligation de l'enseignement et délivre les certificats à produire à la commission scolaire. » L'article 21 prescrit le relevé de la température par les instituteurs quatre fois par jour dans toutes les classes.

Dans quelques départements où les préfets n'ont pas pris d'arrêté pour y établir l'inspection sanitaire, quelques villes l'ont organisée pour leurs écoles ; il en est ainsi à *Saint-Quentin* et *Soissons* dans l'Aisne, à *Grenoble* dans l'Isère, à *Nantes* dans la Loire-Inférieure, et *Abbeville* dans la Somme, et enfin à *Lille, Douai, Avesnes* et *Roubaix* dans le Nord.

Dans ces villes, l'inspection des écoles est donc un service municipal. Les médecins nommés par le maire doivent cependant être agrééspar le préfet. Leur traitement est payé par la caisse municipale. L'inspection y est en général bien faite et n'offre rien de particulier à signaler, si ce n'est à Roubaix. Dans cette ville, en effet, elle s'étend aussi aux écoles privées et cela sans difficulté grâce à un accord établi entre le maire et les directeurs de ces écoles. De plus les médecins se réunissent en conseil sous la présidence de l'un d'eux, désigné par le maire, se communiquent leurs obser vations, redigent des rapports et formulent leurs desiderata.

A la suite d'une délibération du conseil municipal de *Lyon* du 22 février 1879, le préfet du Rhône prit un arrêté établissant dans cette ville l'inspection médicale des écoles. Le service fonctionne très bien depuis le 1er novembre 1879 ; il est confié à 8 médecins nommés au concours ; leur traitement est de 1,500 francs par an. Ils ont chacun de 20 à 25 écoles à inspecter, ils font deux visites par mois dans les écoles primaires et une chaque semaine dans les salles d'asile. Après chaque visite, ils adressent un rapport sommaire à l'administration et un rapport d'ensemble tous les six mois.

L'inspection sanitaire a été étendue à tout le département du Rhône par arrêté préfectoral du 31 mai 1882. Cet arrêté a créé 35 circonscriptions confiées à autant de médecins qui ne visitent les écoles que sur la demande du maire et touchent 2 fr. 50 pour chaque visite.

A *Paris*, enfin, et dans tout le département de la Seine, l'inspection sanitaire des écoles a été créée dès le 13 juin 1879, par arrêté préfectoral pris à la suite d'une délibération du conseil général. Par cet arrêté, le département a été divisé en 114 circonscriptions, confiées chacune à un médecin qui touchait une indemnité de 600 francs.

Le 7 novembre 1883, le conseil municipal, peu satisfait des résultats obtenus, décida la réorganisation de l'inspection sanitaire et un arrêté préfectoral du 15 décembre suivant en fixa les nouvelles bases. C'est cet arrêté qui nous régit encore aujourd'hui. Un seul de ses articles, l'article 3, qui fixait à 800 francs le traitement des médecins inspecteurs, a été récemment modifié par une délibération du conseil municipal qui réduit d'un tiers le traitement des médecins inspecteurs de Paris seulement.

Cet arrêté groupe en circonscriptions d'inspection médicale les établissements scolaires publics de la ville, de façon que chaque circonscription ait un effectif de 15 à 20 classes ; chaque école maternelle étant comptée pour 2 classes. Par arrêté du 28 octobre 1885, les écoles de la banlieue ont été

groupées à leur tour en 40 circonscriptions, ce qui fait 166 circonscriptions pour tout le département.

Toute école primaire ou maternelle doit être visitée deux
fois par mois et plus souvent si le maire ou le préfet le demande.
A chacune de ses visites, le médecin procède à l'examen de
l'école et de ses dépendances, puis à celle des classes et enfin
examine les enfants qui lui sont signalés comme présentant
des symptômes d'indispositions et renvoie ceux qui sont
atteints d'affections contagieuses. L'obligation la plus impor-
tante, celle qui a soulevé le plus de réclamations, est prescrite
par l'article 13 ainsi conçu : « Une fois par mois, au moins,
le médecin inspecteur, pendant sa visite dans l'établissement,
devra procéder à un examen attentif et individuel des enfants
au point de vue des dents, des yeux, des oreilles et de l'état
général de la santé. »

Je n'hésite pas à dire qu'il est matériellement impossible de
procéder tous les mois à un examen consciencieux des dents,
des yeux, des oreilles et de la constitution d'environ 1,000 enfants que comprend chaque circonscription. Aussi avons-nous
dû restreindre cette obligation à la seule recherche des affections contagieuses de ces organes. Dans cette limite, l'examen
mensuel est possible, bien qu'il demande encore au minimum
une heure par école, ce qui fait trois heures pour un groupe
scolaire.

L'inspection des écoles est, en général, bien faite, malgré les
accusations portées contre elle. Elle rend des services incon-
testables et elle n'a pas peu contribué à la bonne réputation
dont jouissent nos écoles au point de vue de la propreté, de
la bonne tenue et de la protection contre les maladies contagieuses.

Loin de l'amoindrir, il faut la fortifier et la compléter, et,
pour cela, y introduire quelques réformes importantes qui
donneront, je l'espère, pleine satisfaction au conseil municipal,
mais lui imposeront aussi des sacrifices pécuniaires plus considérables.

Ce qui rend l'organisation actuelle imparfaite, c'est l'absence d'autorité et le manque d'unité dans l'application du pro-

gramme. Pour lui donner ces qualités il y a deux moyens. Le premier, qui permet de conserver tous les médecins actuellement en fonction, en augmentant toutefois leur traitement, consiste à mettre à leur tête un inspecteur départemental jouissant d'une notoriété scientifique incontestable en matière d'hygiène scolaire, notoriété qui lui assure, d'une part, le concours de tous les médecins inspecteurs dont il dirigera et encouragera les travaux et qu'au besoin il saura défendre, et, d'autre part, lui donne près de l'administration une autorité suffisante pour faire accepter et exécuter les améliorations reconnues nécessaires. Cet inspecteur serait assisté d'un conseil composé d'un nombre à déterminer de médecins inspecteurs nommés par leurs collègues de tout le département.

Le second moyen consiste à faire table rase de l'organisation actuelle et à remplacer les 166 médecins inspecteurs par 12 ou 14 médecins nommés au concours et jouissant d'un traitement assez élevé pour leur permettre de renoncer à l'exercice de leur profession.

Je soumets ces deux moyens à l'examen du conseil départemental chargé, d'après la loi du 30 octobre 1885, de l'organisation de l'inspection des écoles.

Avant de clore ce qui concerne la ville de Paris, je dois dire quelques mots de deux créations du Conseil municipal, qui lui font le plus grand honneur et qui rendent d'immenses services aux enfants des écoles. Je veux parler des cantines et des colonies scolaires.

Dans presque chaque école il y a une cuisine et une femme est chargée de préparer le repas. Tout enfant peut, pour 10 centimes ou gratuitement, recevoir à midi une excellente soupe chaude avec un morceau de viande ; il peut à volonté compléter son repas avec du pain, du vin ou quelques friandises apportés de la maison. Pour éviter la distinction entre élève payant ou ne payant pas, le directeur donne à chaque enfant qui doit manger à l'école un jeton qu'il remet lui-même à la cuisinière.

Pour donner une idée de la variété et de l'importance de ce repas, je donne en note le menu établi pour le mois d'avril

de cette année dans toutes les écoles du XIIIe arrondissement[1].
Les fonds nécessaires pour l'entretien de ces cantines sont
fournis par les caisses des écoles et par le Conseil municipal
qui vote annuellement pour cet objet une somme de 500,000
francs.

Les colonies scolaires consistent en un séjour de trois semaines
à un mois dans les montagnes ou sur le bord de la mer. Les
enfants chétifs sont seuls appelés à jouir de cette faveur. C'est
ce qui distingue les colonies scolaires des voyages de vacances,
qui sont une récompense offerte aux élèves les plus méritants.

Les premières ont été organisées par la caisse des écoles du
IXe arrondissement et le rapport présenté en son nom par
M. Cottinet en constate les bons résultats. Le bénéfice obtenu
est considérable et la dépense relativement minime ; elle ne
s'est élevée en effet qu'à 2 fr. 60 par jour et par enfant.

Il est à souhaiter, suivant le vœu émis par M. Hovelacque,
que l'on consacre à ces colonies les fonds votés chaque année
pour les voyages scolaires.

Le Conseil municipal s'efforce en outre de prolonger le
séjour de ces enfants au bord de la mer pendant plusieurs mois,
et, pour cela, il crée des hospices maritimes dont le nombre
pourrait être considérable, si l'on se contentait de constructions légères et peu coûteuses comme cela se fait en Italie.

---

1. XIIIe ARRONDISSEMENT DE LA VILLE DE PARIS. — CANTINES SCOLAIRES.
— *Menus du mois d'avril* 1887 : Vendredi 1er, soupe maigre et haricots
au lard ; samedi 2, soupe maigre et ragoût de mouton ; lundi 4, soupe
maigre et macaroni ; mardi 5, pot-au-feu et lentilles ; mercredi 6, soupe
maigre, chipolatas et pommes de terre ; vendredi 15, soupe aux choux
et saucisson ; samedi 16, soupe et purée de pois au lard ; lundi 18,
soupe maigre et ragoût de mouton ; mardi 19, pot-au-feu et lentilles ;
mercredi 20, soupe maigre et ragoût de mouton ; vendredi 22, soupe
maigre et macaroni ; samedi 23, soupe maigre et haricots au lard ;
lundi 25, pot-au-feu et lentilles ; mardi 26, soupe maigre et ragoût de
mouton ; Mercredi 27, soupe maigre et haricots ; Vendredi 29, pot-au-
feu et lentilles ; samedi 30, soupe aux choux et saucisson.

Ce rapide exposé montre qu'il reste beaucoup à faire pour étendre à toutes les écoles de France les bienfaits d'une inspection sanitaire sérieuse. Les quelques villes qui en jouissent sont celles qui possèdent une organisation de la médecine publique ou qui, comme Paris, Lyon, Lille, Roubaix, se sont imposé des sacrifices considérables pour l'établir en dehors de cette organisation. Ne pourrait-il en être ainsi dans toutes les villes et tous les départements? C'est ce que semble faire espérer la loi du 30 octobre 1886. En effet, dans l'article 9 de cette loi où sont énumérées les personnes chargées de l'inspection des établissements d'instruction primaire publics ou privés, on lit : « 7° *Au point de vue médical, par les médecins inspecteurs communaux et départementaux.* »

Ces médecins ont donc, en vertu de cet article, le droit de visiter toutes les écoles primaires soit publiques soit privées.

Mais, pour exercer ce droit, il faut qu'ils existent, et la loi n'indique nulle part l'obligation de cette création; elle se contente de dire à l'article 48 que le conseil départemental « veille à l'application des programmes, des méthodes et des règlements édictés par le conseil supérieur, ainsi qu'à *l'organisation de l'inspection médicale prévue par l'article 9* ».

Le décret du 18 janvier dernier n'est pas plus explicite; il dit seulement à l'article 141 que *les médecins n'auront entrée dans les écoles qu'après avoir été agréés par le préfet.*

Il est à craindre, dans ces conditions, qu'un certain nombre de conseils départementaux hésitent à imposer de nouvelles charges au budget départemental, ou, ne se rendant pas bien compte des avantages de l'inspection médicale, ne l'organisent pas, ou l'organisent d'une façon tout à fait insuffisante.

Aussi serait-il nécessaire pour généraliser cette nouvelle institution et unifier son fonctionnement, qu'une circulaire ministérielle vînt en exposer et l'utilité et les avantages. Il faudrait en même temps établir un programme qui puisse être adopté par tous les Conseils départementaux et appliqué à toutes les écoles de France.

———

TROISIÈME PARTIE

CE QUE DOIT ÊTRE L'INSPECTION SANITAIRE DES ÉCOLES

I. — PROGRAMME.

L'inspection sanitaire des écoles ne doit avoir qu'un objectif, l'écolier et qu'un but, favoriser et même provoquer son développement physique parallèlement à son développement intellectuel.

Pour atteindre ce but, il faut d'abord que l'enfant, pendant le temps qu'il passe à l'école, s'y trouve dans des conditions hygiéniques égales, sinon meilleures, à celles qu'il peut rencontrer dans sa famille; puis il faut éloigner de lui toute cause de maladie ou seulement d'incommodité provenant de ses camarades et enfin lui faciliter le travail intellectuel en lui assurant le complet usage de ses sens.

L'inspection portera donc d'abord sur l'école et ses dépendances, puis sur les écoliers, afin d'éloigner ceux d'entre eux qui peuvent être pour leurs camarades une cause de maladie ou d'incommodité, et enfin sur chaque écolier en particulier, pour rechercher et corriger dans la mesure du possible ce qui, soit dans sa constitution, soit dans le fonctionnement de ses sens, peut nuire à son développement physique ou intellectuel.

I. L'ÉCOLE. — *Causes inhérentes à l'école, à ses dépendances ou à son voisinage qui peuvent nuire à l'écolier.* — L'enfant passe à l'école primaire de 6 à 8 heures chaque jour, c'est-à-dire environ le tiers de la journée. Il doit, pendant ce temps, être placé dans les meilleures conditions hygiéniques, afin de remédier aux inconvénients de toute sorte qu'offre le milieu plus ou moins salubre dans lequel il passe ses nuits. On lui inspirera ainsi le goût de la propreté, goût qu'il conservera toute sa vie et qui le guidera lorsqu'à son tour il aura un intérieur à diriger.

Les conditions hygiéniques inhérentes à l'école sont les unes fixes ou soumises à peu de changements, il en est ainsi pour les bâtiments et leurs dépendances, cours, préaux; les autres variables même dans le courant de la journée; telles sont la température des classes et leur aération, la propreté des cours, des préaux, des cabinets d'aisance, etc.

En ce qui concerne les premières, le médecin devra une fois pour toutes et dans un rapport qu'il n'aura pas à renouveler, faire la description aussi exacte que possible de l'école en indiquant ce qui, soit dans ses dispositions intérieures, soit dans ses dépendances, soit dans son voisinage, peut être une cause d'insalubrité ou d'incommodité. Pour qu'il y ait de l'unité dans les renseignements à donner, il serait bon qu'un modèle uniforme fût adopté pour toutes les écoles. Le rapport se terminerait par l'indication des améliorations à exécuter classées d'après leur degré d'urgence.

Dans son rapport annuel, le médecin n'aura plus qu'à constater ce qui a été fait et à indiquer ce qui reste à faire.

Ainsi se trouverait constitué le *dossier hygiénique* de chaque école, qui permettrait d'établir la situation de chacune d'elles et de renseigner l'administration sur les causes d'insalubrité qu'elle présente.

Les conditions hygiéniques variables nécessitent par le fait même de leur variabilité une surveillance plus attentive et souvent répétée. La constatation des variations qui peuvent se produire dans le cours d'une même journée ne peut être faite que par l'instituteur. C'est à lui qu'il appartient de veiller à la propreté de tout l'établissement et en particulier des classes. Il s'assurera que la température est suffisante et fera les relevés thermométriques demandés par le médecin.

Celui-ci, dans chacune de ses visites, qui devront être aussi fréquentes que possible (au moins deux par mois), passera en revue toutes les dépendances de l'école et particulièrement les cabinets d'aisance, puis visitera toutes les classes, constatera et notera la température de chacune d'elles, s'assurera de leur parfaite ventilation et fera au maître toutes les recommandations qu'il jugera utiles.

Le résultat de ces constatations sera consigné dans un rapport mensuel adressé à l'autorité administrative, dans lequel seront également indiquées les infractions aux règles de l'hygiène et les moyens d'y remédier.

On pourrait adopter pour ce rapport le modèle en usage à Paris et pour les relevés thermométriques le tableau employé dans les écoles du Havre.

II. LES ÉCOLIERS. — *Dangers que court l'enfant à l'école du fait de ses camarades : 1° Maladies contagieuses ; 2° accidents.* — Toute cause d'insalubrité provenant de l'école ou de son voisinage étant écartée, l'enfant se trouve de par le fait de ses camarades exposé à des dangers beaucoup plus grands dont il faut absolument le préserver. Cette obligation est d'autant plus impérieuse que la responsabilité de l'Etat est engagée par la loi qui rend l'instruction primaire obligatoire ; et cette responsabilité nous semble la même qu'il s'agisse d'une école publique ou d'une école privée. Le législateur l'a du reste ainsi compris puisqu'il soumet toutes les écoles primaires sans distinction à l'inspection sanitaire.

L'enfant peut contracter à l'école des maladies contagieuses ; il peut aussi être blessé plus ou moins grièvement.

Les maladies contagieuses ou seulement incommodes sont nombreuses, je ne m'étendrai sur aucune d'elles, je ne ferai que les énumérer.

Ce sont : la rougeole, la scarlatine, la variole, la varicelle, les oreillons, la diphthérie, la dysenterie, la cholérine, la fièvre typhoïde, la grippe, la coqueluche, la tuberculose pulmonaire, les conjonctivites purulente et granuleuse, la pourlèche et la stomatite ulcéreuse ; la gale, la teigne faveuse et tonsurante, la pelade et l'impétigo dont la contagiosité est discutée ; l'épilepsie, la chorée et le strabisme contagieux par imitation.

Les maladies incommodes à cause de l'odeur qu'elles répandent sont la punaisie et la bromidrose.

La conduite du médecin est toute tracée, il doit sans hésitation renvoyer dans sa famille tout enfant atteint d'une maladie pouvant se transmettre à ses condisciples ou pouvant être pour eux une cause permanente d'incommodité. Mais le médecin ne visite l'école qu'une ou deux fois par mois et son action risquerait souvent d'être inefficace ou tardive s'il ne pouvait compter sur le concours actif du maître. Celui-ci, pendant la visite quotidienne de propreté que lui imposent les règlements, doit examiner attentivement les mains et la tête des enfants et envoyer au médecin tous ceux qui présentent quelque chose de suspect, sans chercher à déterminer la nature de l'affection. Si dans le courant de la journée, un enfant se trouve indisposé, il doit sans hésiter le renvoyer dans sa famille et ne jamais attendre l'apparition des signes qui le fixerait sur la nature de la maladie. C'est une règle absolue de laquelle il ne peut s'écarter sans danger pour ses élèves.

Si l'indisposition n'a pas de suite, l'enfant n'aura été éloigné qu'un ou deux jours pendant lesquels il eût été, du reste, peu apte au travail. Si, au contraire, cette indisposition est le début d'une fièvre éruptive, telle que la rougeole, la scarlatine ou la variole ou d'une maladie plus grave encore, le maître aura écarté, par la promptitude de sa décision, des malheurs qui engageraient sérieusement sa responsabilité et pourraient compromettre sa situation.

Si malgré toutes ces précautions, un certain nombre d'enfants viennent à être atteints d'une même maladie, le maître doit en informer le médecin qui, par des visites fréquentes, suivra la marche de l'épidémie et proposera à l'autorité municipale les mesures qu'il jugera nécessaires pour en arrêter les progrès.

Dans ces cas, par des rapports fréquents, il tiendra le maire au courant de ses observations.

Il n'est pas toujours facile dans la pratique de savoir à quelle maladie il faut attribuer l'absence d'un écolier, car les parents s'efforcent de la cacher, afin que leur enfant ne soit pas éloigné trop longtemps de l'école.

Il serait cependant facile d'arriver à cette connaissance, si souhaitable dans l'intérêt des enfants, si les commissions scolaires voulaient bien user des pouvoirs que la loi leur confère pour n'accepter comme cause d'absence l'excuse de la maladie que quand elle serait certifiée par le médecin traitant. Il serait nécessaire aussi que celui-ci voulût bien, nous ne dirons pas faire connaître la maladie car, dans ce cas, il se retrancherait derrière le secret médical, si commode pour abriter son indifférence ou sa partialité, mais seulement indiquer sa nature contagieuse.

Outre les rapports que le médecin devra fournir en cas d'épidémie, il devra, dans ses rapports mensuels indiquer le chiffre des absences causées par des maladies ou des indispositions dont il devra autant que possible indiquer la nature.

L'enfant peut encore, soit par sa propre faute, soit en jouant avec ses camarades, être blessé plus ou moins gravement. Il peut aussi être pris de saignement de nez ou d'une indisposition passagère qui réclament des soins immédiats. Il serait utile que l'instituteur pût lui donner les premiers soins en attendant l'arrivée des parents ou du médecin.

Pour cela, il devrait y avoir dans chaque école un lit de repos, des bandes, du coton, du diachylon, du perchlorure de fer et quelques autres médicaments habituellement employés en pareils cas.

III. L'ÉCOLIER. — *Causes scolaires et personnelles qui peuvent nuire à son développement physique ou intellectuel.* — Nous entendons par causes scolaires celles inhérentes à l'état d'écolier. Il est en effet démontré qu'un enfant, du reste bien constitué, peut éprouver des dommages sérieux et quelquefois irrémédiables, du fait des méthodes d'enseignement ou des objets mis à sa disposition pour son instruction ou encore d'un éclairage insuffisant, ou enfin d'un mobilier défectueux. Tels sont, pour ne citer que les principaux, l'affaiblissement de l'intelligence, la myopie et les déformations du squelette. La fatigue intellectuelle due au surmenage s'observe rarement dans les écoles primaires. Il arrive cependant qu'un maître, désireux de faire briller ses élèves aux examens de fin d'étude, les retient à l'école après les heures réglementaires, et leur donne encore des devoirs à faire à la maison. Un enfant d'intelligence moyenne, qui a bien travaillé pendant sa scolarité, peut facilement obtenir son certificat d'étude primaire sans qu'il soit nécessaire de lui imposer pendant la dernière période un travail excessif.

La myopie, si l'on fait abstraction de la myopie héréditaire qui est encore rare en France, est toujours d'origine scolaire. Elle est due aux efforts répétés d'accommodations que font les enfants obligés de regarder de trop près. Ils se trouvent dans cette obligation lorsque l'objet qu'ils veulent voir est mal éclairé, ou qu'il est trop petit, ou encore que la disposition de la table ne lui permet pas de l'éloigner. Autrement dit, un éclairage insuffisant ou défectueux, des livres ou des cartes géographiques imprimés en caractères trop fins, et enfin des tables trop élevées obligeant l'enfant à lire et à écrire de trop près, telles sont les causes les plus fréquentes de la myopie scolaire, causes que le médecin doit combattre par tous les moyens, hélas ! trop platoniques, dont il dispose.

Les déformations du squelette que l'on a appelées scolaires, sont dues à une mauvaise attitude causée par un mobilier défectueux ou par de mauvaises méthodes d'écriture. Le médecin doit veiller à ce que la table soit toujours en rapport avec la taille de l'enfant et qu'elle présente toutes les qualités prescrites par l'arrêté ministériel du 17 janvier 1880. Quant aux méthodes d'écriture, il devra s'efforcer de faire adopter l'écriture droite sur papier droit et le corps droit, demandée par tous les hygiénistes.

Supposons un instant remplies toutes les conditions énoncées jusqu'à présent, c'est-à-dire l'enfant placé dans une école irréprochable au point de vue de l'hygiène ; dans une salle bien éclairée, bien ventilée, convenablement chauffée et pourvue d'un mobilier excellent ; ayant à sa disposition des livres et des cartes parfaitement lisibles et instruit suivant les meilleures méthodes, il pourra se faire que cet enfant, pour des causes toutes personnelles qu'il nous reste à exposer, soit incapable de jouir de ces avantages et d'en tirer tous les bénéfices qu'ils devraient lui procurer. Ces causes, qu'un examen individuel peut seul faire découvrir, doivent être recherchées avec beaucoup de soin par le médecin inspecteur.

C'est là, à notre avis, le rôle le plus important et le plus utile de l'inspection des écoles, et il faut le reconnaître, celui qui est le plus négligé. Il ne suffit pas, en effet, de tracer des programmes et d'exiger des connaissances, il faut s'assurer que l'enfant est apte à suivre les premiers et à s'assimiler les secondes, et le mettre en état de le faire en supprimant ou réduisant au minimum les obstacles inhérents à sa propre organisation.

Cet examen devra porter sur l'état général de la constitution, le degré d'acuité des organes des sens et sur la denture.

La situation de l'enfant à ces différents points de vue n'étant pas sujette à des changements notables d'un mois à un autre, il suffira de l'établir une fois par an dans le mois qui suivra la rentrée des classes. Seule l'inspection des dents devra être faite trois fois dans le courant de l'année.

Les constatations faites par le médecin seront inscrites sur une feuille spéciale (*Bulletin sanitaire individuel*), propre à chaque élève et qui le suivra dans les différentes écoles qu'il fréquentera, mais qui restera toujours entre les mains du maître. A la sortie définitive de l'élève, la feuille sera remise au médecin inspecteur. Sur cette feuille seront également inscrits tous les accidents pathologiques qui auront frappé l'enfant pendant sa scolarité. Il y aura là une source inépuisable de renseignements précieux que la statistique pourra utiliser.

Cet examen peut être fait très rapidement, seule la constatation de l'acuité sensorielle demandera un peu de temps, mais elle ne portera en réalité que sur un petit nombre de sujets. En ce qui concerne l'ouïe, l'épreuve de la dictée au tableau noir permettra de reconnaître immédiatement les enfants qui ont l'oreille dure; ceux-là seulement seront soumis à l'épreuve de la montre, dans un cabinet silencieux. Quant à la myopie, elle sera suffisamment et assez rapidement constatée par l'exercice de la lecture dans un livre de classe, puis pour les douteux, par l'épreuve du tableau de Snellen.

Cet examen terminé, le médecin inspecteur désignera les places que ces enfants devront occuper dans la classe et s'assurera à chacune de ses visites qu'ils les ont conservées.

Grâce à cet examen répété tous les ans, il sera possible de suivre le développement et la marche de la myopie chez les écoliers.

Après chacune de ses visites, le médecin signalera aux parents ce qui méritera d'attirer leur attention dans l'état des yeux, des oreilles ou des dents de leurs enfants.

Si la sollicitude du médecin doit s'exercer plus spécialement sur les enfants atteints d'infirmités, qui sont pour eux une cause d'infériorité, elle doit s'étendre néanmoins sur tous ceux qui lui sont confiés. L'examen individuel lui a permis de les diviser en trois catégories, les robustes, les chétifs et les maladifs. Il devra conserver aux premiers leur vigueur, favoriser et provoquer le développement des seconds, et enfin soumettre les derniers à un traitement prophylactique.

Les moyens les plus puissants mis à la disposition de l'enfant pour atteindre ce but sont la propreté et la gymnastique.

Nous ne nous étendrons pas sur la nécessité de la propreté pour entretenir la santé et prévenir certaines affections cutanées, son utilité est suffisamment démontrée. Nous nous contenterons de rappeler que les règlements scolaires obligent l'instituteur à passer tous les jours la visite de propreté. Le médecin n'aura donc qu'à s'assurer qu'elle est sérieusement faite, il exigera en outre que les enfants aient les cheveux courts et qu'ils ne conservent en classe ni manteaux ni cache-nez.

L'enseignement obligatoire de la gymnastique dans les écoles, a rendu un immense service à la jeunesse des écoles, et son heureuse influence ne tardera pas à se faire sentir sur l'état sanitaire général des écoliers.

Par gymnastique, nous n'entendons pas seulement les exercices méthodiques destinés à développer et à fortifier l'ensemble de l'organisme, mais aussi les exercices spéciaux s'adressant à des fonctions particulières, telles que la respiration et la phonation. Et à ce propos, nous demanderons qu'il soit prêté plus d'attention aux exercices de prononciation et qu'il soit consacré plus de temps au chant.

La récréation elle-même doit concourir à atteindre le but que nous poursuivons; par l'organisation des jeux, elle devien-

dra un exercice très salutaire au lieu d'être une bousculade
générale et désordonnée qui expose les enfants à des accidents
plus ou moins graves.

Quant aux enfants maladifs, tous plus ou moins entachés de
scrofule, il faudra leur assurer d'abord une alimentation suffisante en généralisant dans les écoles la création des cantines
scolaires qui rendent de si grands services aux enfants des
écoles parisiennes. Dans les villages les plus pauvres, il serait
possible d'ajouter quelques livres de viande au pot-au-feu de
l'instituteur pour donner une bonne soupe et un peu de viande
aux enfants ne pouvant se procurer une nourriture suffisante,
ou trop éloignés de la maison paternelle pour y partager le repas
de famille.

Pour quelques-uns d'entre eux, une nourriture abondante
ne sera pas toujours suffisante, il faudra y ajouter quelques
médicaments, destinés à combattre plus efficacement la dia-
thèse scrofuleuse. De ce nombre sont l'huile de foie de morue,
le sirop ou le vin antiscorbutique, le sirop d'iodure de fer
et le phosphate de chaux. Ces médicaments pris au moment
du repas seront plus facilement assimilés, et seront aussi plus
docilement acceptés à l'école que dans la famille. C'est ce qui
constitue ce qu'on a appelé la médication préventive, dont
l'efficacité est suffisamment démontrée par les résultats obtenus
dans les écoles de Bruxelles et publiés dans la première partie
de notre travail.

Il est encore un autre moyen prophylactique généralement
appliqué dans les établissements d'enseignement secondaire,
mais qui, pour des raisons qui nous échappent, n'a pas encore
été introduit dans les écoles primaires. Nous voulons parler de
la revaccination. Une récente communication du ministre de
l'instruction publique à l'Académie de médecine, nous fait espérer que dans un avenir peu éloigné, cette excellente pratique
sera généralisée et étendue à toutes les écoles, en attendant
que l'obligation en soit inscrite dans la loi. Il va sans dire que
cette opération devra être pratiquée par les médecins inspecteurs sur tous les enfants âgés de 10 ans et renouvelée, en cas
d'insuccès, tous les ans jusqu'à leur sortie de l'école.

Il y a encore une excellente pratique que nous désirerions voir introduite dans les écoles, mais qui se heurte à tant de difficultés dans l'application que nous ne pouvons en parler qu'à titre de *desiderata ;* c'est l'anthropométrie. Nous ne donnons pas à ce mot la signification qu'on y attache en anthropologie ; il ne s'agit pas ici de déterminer la race à laquelle appartiennent nos enfants. Pour nous l'anthropométrie scolaire ne doit avoir qu'un but : fixer les règles du développement physique de l'enfant, en découvrir les arrêts ou le ralentissement et enfin établir l'influence que peut avoir sur lui le travail manuel et le travail intellectuel. Nous ne nous arrêterons donc pas à déterminer exactement ni la couleur des cheveux ni celle de l'iris, mais nous mesurerons les diamètres de la tête et de la poitrine et la longueur des différents segments des membres supérieurs et inférieurs.

Ces opérations, longues et minutieuses, ne peuvent être demandées aux médecins, aussi faut-il mettre les instituteurs à même de les faire en réduisant au minimum les mesures à prendre et en mettant entre leurs mains des appareils simples et peu coûteux. Les expériences que nous poursuivons actuellement dans nos écoles nous permettront, nous l'espérons du moins, de résoudre ces difficultés qui s'opposent actuellement à l'application de l'anthropométrie dans les écoles.

II. Application du programme et organisation.

Le vaste programme que nous venons de tracer ne peut évidemment pas être appliqué indistinctement à tous les établissements d'enseignement publiques ou privés, primaires ou secondaires.

Dans les lycées, collèges, écoles normales, écoles professionnelles ou autres qui possèdent un médecin spécial, l'introduction d'un autre médecin pourrait amener des conflits regrettables. Il n'est néanmoins pas admissible que l'administration se désintéresse de ce qui touche à l'hygiène de ces établissements, car on sait qu'elle laisse beaucoup à désirer même dans les écoles de l'État. Il faudra donc confier cette inspection à des médecins n'ayant aucune attache avec la direction de l'école et dont les attributions seront exactement délimitées.

Ces inspecteurs, qui pourront être les médecins actuels des épidémies en attendant la création des médecins départementaux, ne devront s'occuper que de l'hygiène de l'école et nullement du traitement des malades. En cas d'épidémie seulement, ils pourront s'entendre avec le médecin ordinaire pour les mesures à prendre afin d'en arrêter les progrès. Eux seuls jouiront de l'indépendance suffisante pour signaler les *desiderata* que leur suggéreront la visite des bâtiments et des salles de classes, tant au point de vue du mobilier que de l'éclairage, du chauffage et de la ventilation. C'est dire que la première partie seulement de notre programme devra être appliquée à ces établissements. Ils visiteront ces écoles aussi souvent qu'ils le jugeront nécessaire et consigneront leurs observations dans un rapport annuel adressé au préfet.

En ce qui concerne les écoles primaires, l'inspection devra différer suivant qu'elle s'exercera sur les écoles privées ou sur les écoles publiques.

L'État ne doit en effet prendre souci des écoles privées que quand, par elles-mêmes ou par les enfants qui les fréquentent, elles deviennent un danger pour les enfants eux-mêmes ou pour le voisinage. Les médecins inspecteurs n'auront donc qu'à rechercher et à signaler les mauvaises conditions hygiéniques qu'elles présentent et à provoquer les mesures nécessaires pour arrêter les progrès d'une épidémie dont elles seraient le foyer, ou empêcher la propagation d'une maladie transmissible. Dans ces écoles on ne devra donc appliquer que les deux premières parties de notre programme.

Le médecin inspecteur les visitera au moins une fois par mois et plus souvent en cas d'épidémie. Il adressera en outre chaque année à l'autorité compétente un rapport détaillé sur l'état hygiénique et sanitaire de ces écoles.

Cette inspection sera faite par les médecins chargés de l'inspection des écoles primaires publiques. Nous ne voyons, en effet, aucun avantage à la confier à d'autres médecins comme a cru devoir le faire la municipalité de Roubaix.

C'est dans les écoles primaires publiques seulement que les trois parties de notre programme pourront être appliquées sinon complètement du moins dans leurs parties les plus essentielles.

Toutes en effet n'ont pas la même importance. Nous ne parlons pas des deux premières qui sont exigibles au même titre que dans les écoles privées, mais, dans la troisième partie, quelques-unes, comme la constatation de la myopie et de la surdité sont de toute nécessité, d'autres, comme la médication préventive et l'anthropométrie doivent être laissées la première à l'appréciation des autorités municipales chargées d'en faire les frais et la seconde à la bonne volonté des médecins et des instituteurs.

Les écoles publiques devront être visitées au moins une fois par mois. Les visites devront être plus fréquentes en cas d'épidémie.

Les médecins inspecteurs seront chargés des revaccinations dès que cette opération sera rendue obligatoire.

Ils adresseront à l'autorité municipale trois sortes de rapports. Le premier, *rapport unique*, sur l'état hygiénique de l'école, ce rapport une fois fait ne sera pas renouvelé ; le second, *rapport annuel* dans lequel seront consignées toutes les observations faites pendant l'année, tant sur l'hygiène que sur l'état sanitaire des enfants et enfin un troisième rapport, que nous appellerons *occasionnel*, chaque fois que le médecin aura un fait grave à signaler ou qu'une épidémie se sera déclarée dans l'école.

S'il le juge utile ou si l'autorité administrative le demande, il pourra en faire un après chacune de ses visites mensuelles.

Arrivé à la fin de notre programme il nous paraît utile de rechercher et d'indiquer les moyens pratiques d'en assurer l'exécution.

Nous avons dit que l'inspection des établissements d'enseignement secondaire et professionnel serait confiée aux médecins des épidémies en attendant que l'organisation de la médecine publique soit venue doter les départements de véritables agents sanitaires.

Il est vraiment pénible, en effet, de reconnaître que notre pays, jouissant d'institutions essentiellement démocratiques ait encore à envier à de petites monarchies comme la Serbie et la Roumanie une organisation profitable surtout à la classe ouvrière, cette éternelle victime des épidémies.

L'inspection des écoles est très bien faite dans les villes qui possèdent un bureau d'hygiène ; leur nombre en est malheureusement trop restreint. Elle est également bien faite à Lyon et à Paris, et dans quelques villes du département du Nord qui l'ont organisée en dehors de tout autre service d'hygiène. Il serait à désirer que leur exemple fût suivi par toutes les villes de quelque importance.

Son application sera facile de même dans les départements, comme Meurthe-et-Moselle et les Vosges où existe un service d'Assistance médicale bien organisé. Il n'en sera plus de même dans les autres départements. Là il faudra créer de nombreuses circonscriptions composées d'un petit nombre de communes groupées autour de la résidence des médecins et parcourues presque tous les jours pour les besoins de leur clientèle. Il y aura certainement quelques difficultés à surmonter, et la principale est la question budgétaire.

Nous avons vu que dans la plupart des départements où l'inspection a été organisée, il n'était accordé aucune indemnité au médecin. Nous savons très bien que la situation de médecin-inspecteur des écoles sera recherchée même dans ces conditions ; nous pensons néanmoins que pour obtenir un bon service il faut le rétribuer convenablement et qu'il ne faut pas toujours faire appel au dévouement du médecin. La dépense nécessaire pour assurer ce service doit être obligatoire pour les communes et proportionnelle au nombre des enfants qui fréquentent les écoles primaires.

Ce qui a le plus découragé les médecins de bonne volonté qui ont accepté ces fonctions c'est le manque d'autorité et le peu de cas qui est fait de leurs observations. Si l'on veut que l'inspection produise tous les bienfaits qu'on est en droit d'en attendre, il est nécessaire que l'autorité du médecin-inspecteur soit égale à celle de l'inspecteur primaire et qu'il soit tenu compte de ses réclamations. Les conflits ne sont pas à craindre car les attributions sont bien définies ; à l'inspecteur primaire tout ce qui peut concourir au développement intellectuel de l'enfant ; au médecin-inspecteur tout ce qui concerne son développement physique. Ils doivent unir leurs efforts pour former une jeunesse intelligente et robuste qui sera une pépinière de vaillants soldats et d'honnêtes citoyens.

　　　　　　　　　　Dr MANGENOT.

BULLETIN SANITAIRE INDIVIDUEL.

Recto.

Nom et prénoms.
Lieu de naissance.
Date　　—
Profession des parents.

	1re année.	2e année.	3e année.	4e année.	5e année.	6e année.
ÉTAT GÉNÉRAL						
Œil. { Physique . . .						
{ Fonctions . . .						
Ouïe. { Physique . . .						
{ Fonctions. . .						
Denture						
OBSERVATIONS : 1re année						
—　　　2e —						
—　　　3e —						
—　　　4e —						
—　　　5e —						
—　　　6e —						

ANTHROPOMÉTRIE

Verso.

Age.
Poids.
Taille.
Grande envergure.
Diamètre de la tête antéro-postérieure maximum.
　　　　　—　　　transversal maximum.
Diamètre de la poitrine antéro-postérieur maximum.
　　　　　—　　　transversal maximum.
Largeur des épaules.
Longueur totale du membre supérieur.
Longueur de l'avant-bras.
Longueur de la main.

Largeur du bassin.
Longueur totale du membre inférieur.
—   de la jambe.
—   du pied.

RAPPORT UNIQUE

Situation hygiénique de l'École.

1° Indiquer les causes d'insalubrité pouvant exister dans le voisinage, (cimetière, mare, fumier, industrie incommode ou insalubre, rue fréquentée, bruyante, etc.).

2° Nature du sol et orientation des bâtiments.

3° Superficie totale des bâtiments, des cours, des préaux. — Mode de revêtement des cours, nombre des arbres et leur nom.

4° Bâtiments, les murs (moellons, briques, bois). — Sous-sol. — Couverture. — Escaliers (bois, pierre, hauteur des marches, largeur, rampe). — Corridors (médian ou latéral), plancher, ouvertures, revêtement des murs, éclairage et orientation. — Nombre des étages et distribution de chacun d'eux.

5° Classes. — Hauteur. — Capacité cubique. — Forme. — Nombre et disposition des ouvertures. — Plafond. — Plancher. — Revêtement des murs. — Éclairage naturel, uni ou bilatéral. — Nombre et dimensions des fenêtres. — Éclairage artificiel. — Aérage. — Mode de ventilation. — Chauffage. — Description des appareils ou indication du système. — Mobilier de la classe. — Nombre des bancs. — Bancs à 1,2 ou plusieurs places. — Indication du système ou description complète.

6° Cabinets d'aisances. — Nombre. — Sièges (pierre, bois). — Ouverture (système d'occlusion). — Eau. — Fosse (fixe, mobile, etc.). — Urinoirs.

7° Eau potable et eau de lavage (origine).

8° Conclusions et indications d'après leurs degrés d'urgence, des améliorations à exécuter.

RAPPORT ANNUEL.

Ce rapport doit être le résumé des observations faites par le médecin pendant l'année scolaire. Il portera par conséquent sur :

1° La propreté des cours, préaux, cabinets d'aisances ;

2° La ventilation, l'éclairage et la température des classes ;

3° Les absences causées par maladies, la nature de ces maladies et le nombre de cas pour chacune d'elles : *a*, d'après la déclaration des parents ; *b*, d'après un certificat du médecin traitant ;

4° Les accidents ou indispositions survenus à l'école ;

5° Le chiffre et la cause des décès ;

6° Les résultats de l'examen individuel, avec indication du nombre d'enfants affectés de déformations du squelette, de myopie, de surdité plus ou moins complète et d'autres infirmités ;

7° Enfants soumis à la médication préventive et résultats obtenus ;

8° Données fournies par l'anthropométrie ;

9° Observations diverses et conclusions.

RAPPORT MENSUEL

ÉTAT HYGIÉNIQUE DE L'ÉTABLISSEMENT

I. *Entretien et propreté des locaux.*

Vestibules, escaliers, couloirs.
Cour de récréation (ruisseaux, gargouilles, etc.)
Cabinets d'aisance.
Urinoirs.
Préau couvert.
Classes.

II. *Éclairage, chauffage, ventilation.*

Éclairage.

Chauffage. . . . { État des appareils. / Température maxima du mois. / —   minima   — / —   au moment de la visite.

Ventilation.

ÉTAT SANITAIRE

Absences. . . { 1° le jour de la visite. / 2° du mois précédent. / 3° moyenne par jour.

Chiffre des absences causées par la maladie. { Le jour de la visite. / Pendant le mois écoulé.

Absences causées par maladies contagieuses. { Douteuses. / Certaines.

Nature de ces maladies et nombre des cas pour chacune d'elles. }

OBSERVATIONS

---

www.ingramcontent.com/pod-product-compliance
Lightning Source LLC
Chambersburg PA
CBHW051629060726
47597CB00004B/1502